大夏书系·语文之道

上一堂朴素的语文课

韩素静 著

华东师范大学出版社

图书在版编目（CIP）数据

上一堂朴素的语文课/韩素静著.—上海：华东师范大学出版社，2015.7
ISBN 978-7-5675-4005-7

Ⅰ.①上... Ⅱ.①韩... Ⅲ.①语文课—教学研究—中小学 Ⅳ.① G633.02

中国版本图书馆 CIP 数据核字（2015）第 184694 号

大夏书系·语文之道
上一堂朴素的语文课

著　　者	韩素静
策划编辑	李永梅
审读编辑	王　悦
封面设计	戚开刚

出版发行	华东师范大学出版社
社　　址	上海市中山北路 3663 号　邮编　200062
网　　址	www.ecnupress.com.cn
电　　话	021-60821666　行政传真　021-62572105
客服电话	021-62865537
邮购电话	021-62869887　地址　上海市中山北路 3663 号华东师范大学校内先锋路口
网　　店	http://hdsdcbs.tmall.com

印 刷 者	北京密兴印刷有限公司
开　　本	700×1000　16 开
插　　页	1
印　　张	13.5
字　　数	195 千字
版　　次	2015 年 9 月第一版
印　　次	2025 年 1 月第二十四次
印　　数	67 101—69 100
书　　号	ISBN 978-7-5675-4005-7/G·8581
定　　价	52.00 元

出版人	王　焰

（如发现本版图书有印订质量问题，请寄回本社市场部调换或电话 021-62865537 联系）

目 录

序一　让每一堂语文课都是朴素的 _ 1
序二　课堂赢在细节 _ 3

第一辑　课堂要落在实处

语文课可以上得这样扎实、朴实和厚实 _ 3
从"有味朗读"谈"有效朗读" _ 14
教学，要落在实处 _ 18
"不知道"也能变出精彩 _ 24
课堂，要让思考在场 _ 28
运用比较触摸诗歌 _ 33
说明文也可以上得有滋有味 _ 40
你轻轻地读，我静静地听 _ 45
课堂因真实而精彩 _ 59
教师应重"道"而非"术" _ 61

守护语文教学的"根" _ 65

语文课,让范读成为"酵母" _ 68

讲评课要上出实效 _ 71

第二辑　课堂上的遗憾

"品读赏析"环节到底该怎么上 _ 75

语文课,再丰厚一点 _ 79

和文本对话必须是朗读吗? _ 85

教师,请细读文本 _ 88

课堂需动更需静 _ 92

让学生打磨自己的强项 _ 96

课堂上请不要故意为难学生 _ 99

专家,请你口下留情 _ 102

最表层和最里层的 _ 104

莫让教参"绑架"了课堂 _ 108

教育不能忽视细节 _ 111

第三辑　捍卫课堂常识

研读文本是语文教师的第一项基本功 _ 115
语文活动要提高有效性和实效性 _ 119
教师要有质疑意识 _ 122
阅读，要选择合适的方式 _ 127
评价朗读的标准是什么 _ 131
"到哪里"永远比"怎么到"重要 _ 133
课堂切莫滑向另一个极端 _ 137
当讲则讲，当不讲则不讲 _ 140
别让预设"绑架"了课堂 _ 144
善待课堂用语 _ 148
导课中不和谐的"音符" _ 153
"作者介绍"教学的误区 _ 157
对"电灌"说不 _ 161
合作交流要注意"三性" _ 165
复习课要"三化" _ 167

语文课，别让黑板闲着_170

千万别丢了"钥匙"_173

教师要善于营造合适的场_176

遇到问题，往上个环节推一推_178

发现问题不是根本目的_180

第四辑　我这样教语文

百草园里"沐"书香_185

"一石五鸟"来释题_188

一个"质疑"激活整个课堂_190

我这样介绍苏霍姆林斯基_193

精彩，不需预约_195

为学生发出真实的声音喝彩_197

语文教学中的"五个一"_199

线性背诵法_202

参考文献_205

序一 让每一堂语文课都是朴素的

认真阅读了韩素静老师的书稿。

很喜欢这本书的书名"上一堂朴素的语文课"。

这是作者在教学、教研的实践中坚持研究、细心观察、反复提炼之后的真切见解。

从本书中的课例分析来看,从本书中作者的课堂教学观察以及教学实践来看,"上一堂朴素的语文课",意思就是"上实实在在的语文课","上追求教学效率的语文课","上让学生真有收获、大有收获"的语文课。

"上一堂朴素的语文课",就是不上那些用模式化的教学来降低师生语文素养的课,不上那些运用平俗花哨的手法来渲染课堂的课,不上那些体现不出语文教师素养的只能碎问碎答、就课文教课文的课。

"上一堂朴素的语文课",需要语文教师在教学理念、教学手法与教学习惯上都追求深刻的变化。

我们需要知道,语文学科是一门学习语言文字运用的综合性、实践性课程,在课堂教学中要将学生的语言学用活动放在非常重要的突出的位置上。

我们需要知道,语文教学要注重语言的积累、感悟和运用,注重基本技能的训练,让学生打好扎实的语文基础。

我们需要知道,应该让学生多读多写,日积月累,在大量的语文实践中体会、把握运用语文的规律。

我们需要知道,教师应认真钻研教材,正确理解、把握教材内容,创造性地使用教材;应精心设计和组织教学活动,提高语文教学质量。

只有以这样科学求实的精神,才有可能真正探索出一条高效课堂的教学之路。

作为负责任的语文教师，作为优秀的语文教师，作为年轻的语文教师，我们需要知道：

语文教师深厚的教学素养和精湛的教学艺术是高效课堂教学成功的前提；学生在课堂上占有大量的时间学用语言、积累知识、习得技能，是高效课堂成功的保证。

语文教师要有提高课堂教学技能的高雅追求，要从碎问碎答中摆脱出来，要从漂浮肤浅中摆脱出来，要从缺少力度与深度中摆脱出来，要从缺少情味与趣味中摆脱出来，由此才能为学生设计生动有趣的有一定训练力度的课堂读写的实践活动。

作为负责任的语文教师，作为优秀的语文教师，作为年轻的语文教师，我们还需要知道：

一位语文教师最可贵的品质和能力，就是立志让自己所有的学生都享受到最好的语文学科教育。

这种品质和能力的可贵，在于需要我们用毕生的精力和意志来提升自己的科研水平、教学能力与治学智慧，并将语文教学的美好阳光播洒到每一位学生的身上。于语文教师而言，能够让自己的学生具备高超的语文能力，便是莫大的幸福。

我希望，读过本书的每一位语文教师，都有着与作者相同的看法与追求。

让我们的每一节语文课，都是朴素的、实在的、有效的。

余映潮

2015年6月15日于武汉映日斋

序二　课堂赢在细节

经常听学生这样评价语文课："老师不教也懂，老师教了也不懂。""我喜欢阅读，但我不喜欢语文课。"……教师安身立命的地方是课堂，只有在课堂上站稳了脚跟，教师才能拥有专业尊严，但面对学生这样的评价，语文教师不由得极其尴尬，我们的语文课到底怎么了？

细细分析，我们不难发现，很多时候我们只注重了宏观而忽视了微观，只注重了套路而忽略了细节。课堂由一个个"教学细节"组成：字词教学怎样进行才有效？怎么介绍作者才能避免走过场？朗读指导怎么才能让学生一次又一次地提高？品读环节应该怎样引领，才能让学生倾听到文本深处的声音？什么样的语文活动不是为了哗众取宠而是基于学生的成长？如何设计问题才能一点点打开学生的思维，并抵达灵魂的深处？……一堂课的价值和高度就是由这些细节建构而成的，教师只有抓住一个又一个教学细节，才能带领学生进入文本的字里行间，从标点中发掘出作者潜在的情感，从字词中揭开文章独特的密码，引领学生从"不会"到"会"，从"不清晰"到"清晰"。一句话，教师只有深入关注了细节，课堂教学才会去笼统、去松散、去模糊，学生对文章的学习才能清晰、明确，教与学的价值才能最大化。

但是，很多时候老师们忽略的恰恰是细节，教学中只是粗线条地构建课堂的基本流程，不愿意或者不习惯用精细的设计来引领学生学习，这种不精细很好地说明了教师的生存状态——缺乏沉下去解读文本的勇气和从文本中飞出来的欲望与力量。应该说，这是当下教师群体的通病，也是急需解决的问题。因为这种不思考、浅思考的状态是制约教师发展的根本因素。当然，随着教师专业意识的觉醒，不少教师已经认识到了这些缺点和不足,但是"认识到问题的存在"不等于"解决问题",一线教师最需要的是具体的、有效的突破问题的方式。韩素静老师的《上一堂朴素的语文课》,就通过对大量来自一线课例的剖析提供了具体而有效的突破方式。

韩素静老师在大量听评课的基础上,精选了源自教学一线的大量课例。本书既有对课例的翔实记录,又有运用专业知识对课例进行的精心剖析。从内容上来说,这些课例涉及导课、作者介绍、生字词处理、文本解读、阅读指导、课堂语言、课堂氛围、课堂结构、教师和学生的思维等;从课型上来说,这些课例又涉及新授课、复习课、讲评课、活动课、听读课等课型;从授课者来说,这些课例既有名家课例,又有普通教师的课例;从记录形式上来说,既有课例的完整记述或者片段描写,又有韩老师对课例的精心点评,两者巧妙结合,既能再现课堂现场的精妙和遗憾,又能明晰课例的精妙和遗憾的根源……

总之,本书来自一线课堂实践,是一线教师教学实践的真实呈现,与一线教师的认知具有极大的契合性,定能引起读者的共鸣。同时,本书从课例出发,对具有不同走向的课例进行详尽剖析,尝试从不同角度分析其中的精彩与遗憾。深刻的剖析必能让教师知其然,又知其所以然,从而对教师课堂的转型起到很好的引领作用。

让我们共同期待!

武凤霞

江苏省南湖小学校长

第一辑 课堂要落在实处

◎有人把当今语文课比喻为"口香糖",即"香喷喷,甜津津,有点嚼头,完了还能吹个泡泡玩玩"。但很多时候,这样的语文课,虽然学生闻着香,感觉甜,但实在毫无营养。口香糖可以嚼,可以玩,却不能当餐。那么,好课的标准是什么?语文课怎样才能落到实处呢?该辑所选的几个案例,也许能给大家一些启示。

语文课可以上得这样扎实、朴实和厚实
——于永正《高尔基和他的儿子》教学片段赏析

语文学科必须以语言为核心，以语文活动为主体，以培养学生的语文素养为目的。在这一过程中，识字、阅读和写作就是语文教学中最基本、最核心的内容，对这最基本、最核心内容的教学也最能展示教师的实力。可就是这最基本、最核心的环节，我们的教学总是习惯走入套路。识字也识了，阅读也读了，所有的过程都走过了，但一节课下来，总感觉各环节似乎都是蜻蜓点水——哪个都抓到了，但哪个都没有抓透。这种感觉是普遍的，但特级教师于永正执教的《高尔基和他的儿子》一课，每一环节都很扎实，把最基本、最核心的教学内容落到了实处。

一、语文教学要扎扎实实练习识字

教学片段

师：今天我们学习《高尔基和他的儿子》，大家预习过课文了吗？
生：预习过了。
师：通过预习，你又认识了哪几个新朋友？
生：我认识了"妻子"的"妻"。
生：我认识了"脸庞"的"庞"。
生：我认识了"紫色"的"紫"。
生：我认识了"妻子"中的"妻"。
师：刚才说过的就不要再说了。好，看起来大家认识了"妻""庞""紫"这几个新朋友，下面先请几位同学到黑板上把这几个字板书出来，谁上台？

（生纷纷举手。）

师：（点了几个学生上黑板板书，然后对着其他学生说）请大家把老师课前发的写字纸拿出来，认真观察这几个字，然后把它们描写下来，记住应在哪里起笔，在哪里收笔，记住字的结构。

（台下学生认真书写，在黑板前书写的同学写完后走下讲台。）

师：好，我们现在先看一下黑板上的几个字。"妻"字写得有点胖，如果她减减肥，就漂亮了；另外，"妻"的第三横写得有点短，要写长些，写长了才能站稳。"庞"字中间的"龙"起笔要低，要让出位子。"紫"字太瘦太长，需要加强营养。好，大家拿起笔来，再把这几个字写一遍，刚才在台上板书的同学也请拿着临摹纸再上台来写一遍。（师边说边示范三个字的间架结构，生仿写。）

师：（边巡视边说）写好字的秘诀是描红、临帖，自己要买一本字帖，天天照着字帖写，"字无百日功"，好好练习一百天，你的字肯定能够练好。要记住"字是写出来的"。

教学片段赏析

于老师没有过多地铺垫和渲染气氛，课堂伊始就开门见山地进入了识字环节，通过询问"通过预习，你又认识了哪几个新朋友？"引出了生字词的识记和积累。这样的开场很高明，因为这样的课堂是"非常态"课堂——对于课文，大家肯定已经预习过了。于老师深知这点，所以，他结合学生实际情况，开门见山提出了问题，切入了教学。这样的开场环节很真实、很朴素，不虚假，不做作，令人不由得为之拍手称好。

学生发言后，于老师安排三名学生到黑板前板书生字，其他同学临帖书写。这个环节，于老师不仅要求学生把字写"对"，而且要写"美"。为了达到第二个高度，在黑板上板书完毕走下去的学生又被于老师请上讲台，他在肯定学生的字间架结构正确的基础上，又强调写字应该从哪里起笔，应该在哪里收笔，然后又让该生书写一次。这一细节告诉了大家：识字环节不仅仅是落实在"认识"上，更重要的是"会写"，并写得"美观"，要写出横平竖直的、具有中国特色的方块字。

不但会"认读",而且会"书写",不但能写"对",而且要写"美",这才是真正的"识字"教学。小语界另一位名师薛法根,在识字环节要求学生"生字首次放大书写",也就是说,对于第一次接触的生字,他在板书后总让孩子们在笔记本上放大书写一遍。放多大呢?他说一般是四个格子的位置,即生字本的四个格子组成一个大格子。学生这样写一遍后,对生字的结构、外形特征,会有一个非常清晰的认识。而我们常见的"识字"教学呢?很多时候教师的目标仅局限于教学生认读,特别是在公开课上,似乎所有的课堂都有这样的环节:老师问学生"会读这几个字吗",学生回答会,于是就让学生齐读三遍,然后进入下一个环节。于老师却不这样要求,他不走过场,不仅要求学生会读、会写、写美,还有更高的要求——理解词语。

教学片段

师: 在预习过程中,你记住了哪几个新词语?
生: 我记住了"姹紫嫣红"。
生: 我记住了"红扑扑"。
生: 我记住了"脸庞"。
师: 好,"姹紫嫣红"是什么意思,谁知道?
生: "姹紫嫣红"的意思是看得人眼花缭乱。
师: 哦,眼花缭乱,这是店里的花布吗?
生: 我觉得"姹紫嫣红"是花开得很美丽。
师: 是美丽,但这样说太笼统,怎样美丽呢?
生: "姹紫嫣红"是说花的颜色五颜六色、五彩缤纷。
师: 很好,"姹紫嫣红"是说花的颜色很多,颜色很鲜艳。但是,你知道"姹"和"嫣"的区别吗?
(生摇头,不知。)
师: 两个字都有"鲜艳"的意思,但是,"姹"还有鲜嫩的意思,"嫣"是鲜艳的意思。
师: 脸对于小孩来说就是"脸蛋",但是对于成人来说就是"脸庞",那么,"庞"是什么意思呢?

生：" 庞 " 是轮廓的意思。

师：脸庞是脸的轮廓，很好。

生：我觉得 " 庞 " 还有 " 庞大 " 的意义。

师：" 庞大 "，形容东西多，杂乱，庞杂的意思，还有别的意思吗？

（生摇头，不知。）

师：在我们濮阳，历史上曾经发生过一次著名的 " 马陵之战 "，这次战争中，孙膑和谁作战？

生：（齐）庞涓。

师：对，庞涓，庞涓姓 " 庞 "，哦，" 庞 " 还是一个姓。好，现在我们总结一下，" 庞 " 除了有庞大、多而杂乱、轮廓的意思外，还是一个姓。在学习中，我们要学会交流，学会倾听，这样，1+1一定大于2。

教学片段赏析

辨字析词一向是语文教师的看家本领。这个环节中，于老师对 " 姹紫嫣红 " 中的 " 姹 " 和 " 嫣 " 两个意思相近的字的解释，以及对 " 庞 " 一字多义的解析，都是在学生对词语现有感知的基础上，通过一步步引领，让学生进行思辨，从而帮助学生从未知到知晓，从模糊到清晰。当第一个学生回答 " 姹紫嫣红 " 是 " 看得人眼花缭乱 " 时，于老师的评价很机智，他没有简单地评价为 " 对 " 或者 " 错 "，而是把 " 眼花缭乱 " 这样的抽象概括和 " 店里的花布 " 这样的具体物品联系起来，也就是说，" 眼花缭乱 " 可以用来形容店里的花布，但 " 姹紫嫣红 " 可以吗？有了这样的比较，学生自然明白这样的理解是错误的。第二个学生更近一步，说这个词的意思是 " 花开得很美丽 "，对于这个回答，于老师在肯定的基础上又进行了否定，肯定 " 是美丽 "，否定 " 这样说太笼统 "，也就是说，肯定了总体方向，但具体细节还需思考。在这样的引领下，学生悟出：" ' 姹紫嫣红 ' 是说花的颜色 "，而不是花的形态或者花的姿态。

这一过程中，学生的思维一直处于活跃状态，一直往纵深发展，这一环节的教学，应该是有效的，因为他们不仅是在听在记，更是在思考，有自己的思考在，活动就一定有效。

写到这里,我又想到了于永正老师在执教《我的伯父鲁迅先生》中对"饱经风霜"一词的处理。那节课上,于老师同样没有让学生读字典上的解释,而是调动学生的思维,让学生想象"饱经风霜"的脸应该是什么样子的,然后再描写"饱经风霜"的脸,但又不允许描述中出现"饱经风霜"一词。有前面的想象环节,学生的思维被激活了,写作很顺畅,他们从车夫额头上的皱纹、干裂的嘴唇、深陷的眼眶、高高凸起的颧骨、蜡黄的脸色、和实际不相符的年龄、乱得像稻草的头发等方面描述了他们心目中"饱经风霜"的脸。有了这样的想象和体验,"饱经风霜"的形象、情味和意蕴就镌刻在了孩子们的脑海里。

常规的课堂上,我们习惯给出一个标准答案,让孩子死记硬背,记住就可以了,而不管孩子们是否理解了这个词语。没有思维的参与,任何活动都不会有生命,记忆也是这样。

二、语文教学要扎扎实实练习读书

于老师曾这样说:"有人把读书叫'煮书'。饭可以煮,肉可以煮,书怎么煮呢?煮书就是把书读熟,读出味道来,把文章读懂,把文章的思想感情读出来。"几句话,一个词,形象地说出了读书的重要性。既然读书这么重要,那么在于老师的课堂上,他会怎么设计朗读从而达到"煮书"的效果呢?

教学片段

师: 请一位同学读课文给大家听。

(生站起读书。)

师: 你读得很流畅,请坐。现在听老师读,其他同学要比较老师和刚才这位同学读得有什么不同。

(师有感情地朗读。)

师: 听完这次朗读,大家不要急着评价,还要再听一遍。只是这次听,同学们不要看书,而要抬着头看老师的表情,表情是用来表达情感的,看你能从老师的表情看出什么。

（师表情朗读，生边听边看边思考。）

师：听了老师的朗读，你觉得和刚才那位同学的朗读有什么不同？

生：老师读得特别有感情。

师：谢谢，我只不过比大家的感情充沛了一点。

生：老师似乎把高尔基的心情读出来了。

师：你真棒，你听出了老师朗读时的心情。

生：老师每读一段都会停顿一小会儿。

师：你听出来了停顿，其实，不仅段与段之间需要停顿，其他的地方也有停顿，还有谁听出来了？

生：读句号的时候也有较长的停顿。

师：句号之间要停顿。对，句号就是告诉读者这是一句话，没有停顿就没有思考。

生：老师读的时候我想象到了当时的画面。

师：你真会听，你一边听一边想象画面。

生：老师读得很投入。

师：你听出来了"投入"二字，真不得了。

生：老师读得……我说不出来了。

师：此时无声胜有声，你说不出来我也谢谢你。

生：老师读得像五味瓶，而我自己读得像白开水。

师：哦，你的意思是说老师读得有味道，谢谢你。

生：老师读得声音很小，尤其是后三个自然段。

师：为什么后三段我的声音要很小呢？

生：可能是和前文相区别吧。

师：对，你说得很对，后三段是高尔基写给儿子的信，和正文是有区别的，所以读的时候声音要低沉，以区别于上文。

师：大家总结得很好，读书的时候，要注意语音、语调、感情、表情、停顿等等方面，现在请大家试着再朗读一遍，一会儿找一个同学上台给大家表情朗读。好，开始自由朗读。

教学片段赏析

俄国教育家乌申斯基说："比较是一切理解和思维的基础。我们正是通过比较来了解世界上的一切。"朗读课文时，于老师通过前后五次指导，让学生在自己读、别人读、听老师读、看老师读的过程里反复比较，反复思考，从而让学生在比较中得出：要想用声音表达对一篇文章的理解，就需要从语音、语调、感情、表情、停顿、语气等几个方面把握。此过程调动了学生的各种感官，让学生沉进了文本，贴近了文字，感受到了字里行间的空白处流淌着的东西。

但平时，我们是怎样处理朗读的呢？我们仅限于让学生自由读、分角色读、听读而已，高明的老师会贴一张文雅的标签：初读、品读、精读、赏读。但是，到底怎么品读，品读要达到什么程度；到底要怎样精读，精读要精到什么程度；到底怎样赏读，用什么样的方式才算有效赏读……我们自己也说不清楚。我们只是把这几个漂亮的标签贴上去，便不再问效果。在我们的潜意识中，我们觉得只要自己的课堂设计有了这样的名词，就算精美了。但我们忽略了如果不贴这样的标签，谁能听出来这个环节是品读、精读，还是赏读？老师们只知道这个环节大概要"品"五分钟或者六分钟，具体学生说了什么，收获了什么，那就是学生自己的事了。把五分钟、六分钟的时间说完，这个环节就结束了。

于老师却充分调动学生的各种感官去真正感受朗读的魅力，从而让学生真正学会朗读，尽管没有贴任何华丽的标签，但是这样的课堂何处不充满着魅力呢？这也是我们要学的。

如果说仅仅是表情朗读，似乎还局限于表面，如何指导学生有效地静心读书呢？于老师又给大家做了示范。

教学片段

师：请大家默读课文，一边默读一边画出你认为应该思考的句子。
　　　（生默读课文，师巡视。）
师：读完后，不要急于回答，你的眼睛要盯着画线的句子，思考这个句子让你懂得了什么，你是怎么理解这个句子的，把你的理解写在书上，这就是"批注"。读书要学会思考，不思考，书读得再多也没有用，读书作记号留下的是思考的痕迹，加批注是思考的结果。

（生投入地、静静地读书和加批注。）

教学片段赏析

　　阅读可以出声，但阅读更需要静默。余秋雨曾说："阅读是个人的事，字字句句都要由自己的心灵去默默感应，很多重要的感受无法诉诸言表。"是的，真正意义上的阅读是宁静的，是远离喧嚣的，是灵魂与文本的交融，因而，语文课堂，教师一定要给学生一个静静读书的环境。叶圣陶先生在《中学国文学习法》中也说："阅读总得'读'，出声念诵固然是读，不出声默读也是读，乃至口舌绝不运动，只用眼睛在纸面上巡行，如古人所谓'目治'，也是读。"当学生默默在文字中潜泳的时候，尽管他们表面"静若处子"，思维却"动如脱兔"，宁静的外表下掩盖着思考的潜流，灵光在闪现。

　　常规课堂上，我们注重的多是读的声音、读的形式、读的技巧，一句话，强调的是学生的嘴巴，而没有注重学生的内心。其实，不必苦心经营轻松，不必刻意制造感动，甚至可以拒绝多媒体声光电的过多冲击，赋予学生足够的时间和空间，让他们静静地阅读，默默地沉思，让他静下心来，去勾画，去圈点，去批注。只有静下心来思考，才能摸索到通往知识殿堂的路。

三、语文教学要扎扎实实练习写作

　　学习写作是语文课堂的一项重要内容。但我们平时的课堂，阅读课只是用来分析课文，作文课才用来写作，阅读和写作处于分庭抗礼的状态。殊不知，课文本身就是写作的范例。于老师就抓住阅读课带领学生进行了扎扎实实的写作训练。

教学片段

师： 大家写信时开头要先写称呼和问候，知道吗？

生： 知道。

师： 大家写过回信吗？写回信有什么特殊的要求吗？

（生摇头不知。）

师： 写回信前，应该先认真阅读来信。回信首先要写"我收到了您的来信"，让对方放心，然后要对信中提出的问题一一回答，再写下来自己想说的话，最后要有署名和时间。好，现在大家以高尔基儿子的身份给高尔基写封回信，七分钟时间，不会写的字可以写拼音，最后要有署名和时间，高尔基的儿子叫"马克西姆·陪什克夫"，时间落款就为"某年某月某日"。

（生写作，师巡视，七分钟时间到。）

师： 写完了，好，请全班同学大声朗读你写的信，发现不通顺的地方自己修改。

（生大声朗读，师巡视。）

师： 刚才，我在一些学生的作文上加了红星，现在请其中两位上台朗读自己的回信。

（两位同学上台朗读。）

（生1读，当读到"我知道了你的来信"时——）

师： 停，其中"知道"一词不当，应该把这个词改为"收到"。好，继续读。

（生1继续读，读完。）

师： 好，文中"按照您的教诲"中的"按照"一词不准确，应该把这个词改为"记住"，"我会记住您的教诲"。他这篇回信，我特别欣赏"我想着，眼前仿佛看到了成群的蜜蜂在花上辛勤地采蜜，仿佛看到了成群的蝴蝶在花旁翩翩起舞"这个句子，这个句子加入了自己的想象，很好。好，下一位，继续读。

（生2读，当读到"要加些营养"时，老师示意停。）

师： 停，其中"加些营养"不太恰当，要改成"要多增加些营养"。

（生2读完。）

师：这篇回信语言简洁，层次分明，在信中介绍了写信的目的，最后又表达了自己的祝愿。这位同学写得真好，我要和他拥抱一下。（拥抱同学，台下响起热烈的掌声。）

教学片段赏析

新课标指出："语文课程是实践性很强的课程，应着重培养学生的语文实践能力，而培养这种能力的主要途径也应是语文实践"。此环节，于老师落实了写作实践，他给学生介绍了回信的写法：开头要有称呼，要有问候，因为是回信，所以首先要对来信作出回应，最后要有落款和日期。有了这样的指导，学生就突破了写回信的障碍。写完后，于老师没有急于让学生展示，而是让大家自行修改。好文章不是写出来，而是改出来的。那么，怎么修改呢？叶圣陶老先生曾指出："写完了，从头至尾看一遍，马上自己审核，自己修改，这是一种好习惯。写完了，站在读者的地位，把自己的文章念一遍，看它是不是念起来上口，听起来顺耳，这样做是从群众观点审核自己的文章，也是一种好习惯。"这节课，于老师就给学生介绍了"朗读检查法"，并指导学生通过这种方法自我检查。确实如此，很多时候，默读并不一定能检查出不通顺的地方，而出声朗读，语感本能地会告诉你，哪里是通顺的，哪里是不通顺的。就如平时说话，谁也不会把自己要说的每一句话都先写下来，但我们说出来的话却是通顺的，原因就是我们已经具备了语感。所以，"朗读检查法"是个有效的自我检查的方法，于老师深谙此道。

自我修改之后，于老师进行了集中指导。集中指导时，于老师又从字、词、句、修辞的运用是否合适，文章段落是否清晰，语言是否简洁，情感是否真挚等方面进行指导评析。当学生朗读自己的回信时，于老师发现了学生的优点，马上就提出表扬，例如："我特别欣赏'我想着，眼前仿佛看到了成群的蜜蜂在花上辛勤地采蜜，仿佛看到了成群的蝴蝶在花旁翩翩起舞'这个句子，这个句子加入了自己的想象，很好。""这篇回信语言简洁，层次分明，在信中介绍了写信的目的，最后又表达了自己的祝愿。这位同学写得真好，我要和他拥抱一下。"这里，于老师丝毫不吝啬自己的表扬。当于老师发现学生的问题时,他也及时指出,及时纠正,例如,"其中'知道'一词不当,应该把这个词改为'收到'。""其中'加些营养'不太恰当,要改成'要多增加些营养'。"这样的课堂,才是真实有效的。发现不足,然后纠正,才能让学生有所进步。而我们常规的展示环节中,老师总是极尽表扬之能,而很少谈及学生的不足,似乎学生的不足就是教师课堂授课的不足。但殊不知,让学生更好地改进,更能体现教师的水平。

"语言有温度,字词知冷暖",在这节课上,于老师带着学生扎扎实实地触摸了字词,感知了语言,探索了有限的文字背后丰富的意蕴和内涵。表面上看,他没有采用"先进的教学模式",也没有采用"时髦"的课堂组织形式,但他仍然给了学生那么多有用的东西:他教会了学生怎样辨词析句,教会了学生怎么阅读和写作,教会了学生怎么修改和润色……这看似平常的课堂,却教给了学生那么多有用的东西。一节课,让我们感受到了语文课堂的大气和贵气。叶圣陶先生说:"教材无非是个例子","教是为了不教"。是的,在这节课上,于老师就用他的课堂给了我们一个新的评价标准:评价一个语文教师是否优秀不在于他给学生讲解了多少课文,传授了多少语文知识,而在于他是否教给了学生学习的方法,激起了学生读书的兴趣,培养了学生良好的读书习惯。

语文课,原来可以上得这样真实、扎实、厚实和丰实。

从"有味朗读"谈"有效朗读"
——余映潮《记承天寺夜游》教学片段赏析

有幸观摩了余映潮老师执教《记承天寺夜游》(人教版八年级上册)一课,这节课上,通过观看余老师"有味朗读"的指导,我深深地理解了什么是语文课的"有效朗读"。

教学片段

师:好,记住生字的读音,扫除了读书的拦路虎之后,请大家大声朗读课文。

(生大声、流畅、投入地朗读,看得出,学生在尽最大努力展示出最好的自己。一分多钟后,朗读声音渐弱渐消。)

师:大家读得很顺畅,很流利,但是,有一个小小的缺点——读得没有文言文的味道,请再读第二遍,这次要读出一点文言味道来。

(学生茫然,没有读书声响起,大家可能不知道,文言的味道怎样才能读出来。)

师:大家不知道文言的味道怎么读出来?那好,老师示范,请大家找出来"念无与为乐者","盖竹柏影也"和"但少闲人如吾两人者耳"这三句话。读这三句话时,把其中的"念""盖"和"但"三个词语的声音尽可能拖长一点(边说边拖长声音示范),这就有了文言文的味道,大家试试。

(生模仿,当读到"念""盖""但"三词时,声音明显拖长,个别学生还有了摇头晃脑的感觉。)

师:(点头赞许)好,文言文就这样读,个别词语应适当拖长声音,这样就有了文言的味道。请大家再朗读一遍，这次要求大家读出作者夜游的兴致。

（生又茫然，怎么读出夜游的兴致呢？）

师：（看学生茫然，又解释）请大家找出"欣然起行""相与步于中庭"两个句子，这两个句子写出了苏轼当时心里非常轻松，所以，读的时候要读出苏轼的轻松自在、怡然自乐。

（生全身心投入文本，大声阅读，慢慢揣摩，渐入佳境。）

师：大家有了很大进步，读出了夜游的喜悦。请大家再继续读，这次要读出苏轼心里的那"一点点复杂的情愫"来。

（生又一次茫然：苏轼不是愉快的吗？怎么又有一点点复杂的情愫呢？）

师：大家可能不知道当时苏轼身处什么样的环境之下。元丰二年，朝廷内有几个人从苏东坡的诗中摘出几句诗，污蔑他有谋反之意，皇帝下令将其抓起来审判，关在御史台，御史台别名乌台，这就是"乌台诗案"。后来苏轼被贬到了黄州，就在这被贬谪的地方，他写下了这篇文章。这就是文章的背景。了解了文章的背景，请大家找出蕴含作者复杂情愫的语句来。

（生很快找出了"何夜无月？何处无竹柏？"）

师：请大家再次读课文，这次要读出一点点复杂的情愫——夜游的兴致中又有着点点滴滴的感慨和淡淡的无奈。

（生读，语句中有着点滴的感慨和淡淡的无奈。）

师：好，大家读得很好。在被贬黄州的四年里，苏轼成了一个连看看月亮都高兴的人。那天，苏轼发现月光很好，心情很是欣喜，于是，他去找张怀民，但是，他心里充满了矛盾，毕竟天色已晚，怀民是否就寝了呢？到了怀民处，他又有了惊喜。请大家继续朗读课文，找出哪个字能表达出苏轼此时的惊喜和快乐。

（生快速阅读，最后达成一致意见——"亦"。）

师：请大家再次朗读，要读出惊喜和快乐。

（生开始兴致勃勃而又情感复杂地、摇头晃脑地朗读第六遍。）

教学片段赏析

《记承天寺夜游》这篇课文篇幅短小，只有85个字，但这区区85个字却蕴含着作者复杂的思想感情。那么，这样的文章教师到底该怎样执教呢？怎样才能让学生更好地理解其中既有喜悦又有哀愁，既有自由洒脱又饱含淡淡无奈和忧伤的复杂情感呢？这节课上，特级教师余映潮通过层层深入的朗读，让学生跨越了时间和空间的阻隔，渐臻理解，触摸到了作者的灵魂。

多次朗读，不是重复性的一遍又一遍地朗读，而是有不同层次的要求、不同层次的指导。从读出"文言味道"，到读出"作者的喜悦"，再到读出"复杂的情愫"，最后又要学生读出作者的"快乐"，学生在逐步深入的朗读中，对文章逐渐有了深入的理解。从表面上看，这似乎只是四个不同要求的朗读过程，其实，细细分析，哪一次不是在逐渐深入文本呢？哪一次不是让学生对课文有了更深一层的理解和体验呢？哪一次不是让学生在原来的基础上有了进一步的提高呢？这是逐步深入的朗读，在这一过程中，学生明白了文言文朗读的基本要求，揣摩出了作者复杂的思想情感，了解了文章的写作背景，把握了文章的深刻含义，并且通过声音把自己对文章的理解表达了出来。这样让学生有所提高的朗读，才是真正的朗读。

拿余老师设计的朗读指导和我们平时的朗读训练相比较，我深深感受到平时的课堂朗读是低效的。其实，很多时候，我们的课堂朗读还不只是低效，有些甚至是无效的——表面上书声琅琅，但其实朗读毫无效果。试问：很多时候，学生的第二遍朗读和第一遍相比，老师有什么特殊的要求？有什么特殊的指导？除了读得流利了一些，还有什么区别？有什么提高？很多时候，学生仅仅是走了一遍朗读程序而已。

诚然，语文课程标准明确指出："阅读是学生的个性化行为，不应以教师的分析代替学生的阅读实践。"这句话强调了阅读是学生的个性化行为，但这不能成为教师"不作为"的理由。阅读过程中，教师要带着自己的生活阅历和知识铺垫，带领学生真正走进文本空间，进行一次真正触及心灵深处的情感体验，并在此基础上建构新的认识、新的体验。我们的阅读教学不应由一个极端走向另一个极端，即不应由过去老师满堂灌的极端走向让学生一遍又一遍低效重复朗读的极端。我们的课堂,要的不是程序,要的不是表象的繁荣。

观摩余老师的课堂,我深刻地感悟到:只有准确理解并把握文章内涵,才能真正体验到作者所表达的独特的情感,也只有把握了这份情感,才能进行有效朗读。余老师的四读设计就充分体现了这点:同学们读得很顺畅、很流利,但是没有文言文的味道,请同学们再读一遍,要求读出文言文的味道来→有了文言文的味道,读出一点喜悦的味道→有了喜悦的味道,再读出复杂的情愫→再读出一点快乐来。四次引导,环环相扣、层层深入。看到这里,我理解了什么是有效朗读,什么是有层次的朗读。这个环节,表面是朗读指导,其实,哪一次的引导不是让学生对课文有更深一层的理解和体验呢?

在常人眼里,语文课需要激昂的情调,但语文课更需要朴实和自然,因为"大道至简""大象无形"。在课堂上,我们需要的不只是表面的书声琅琅,我们需要的是学生真正有所收获,有所体验。那么,当我们再次指导学生朗读时,一定要考虑我们的指导是否每一次都有每一次独特的收效。让我们对低效朗读斩钉截铁地说"不"吧!

教学，要落在实处
——听闫学执教《祖父的园子》有感

河南省第十六届语文年会上，我有幸观摩了闫学老师执教的一节公开课。闫老师执教的是人教版五年级下册的《祖父的园子》，观摩之后，我有三点感受。

一、教学，应该再往前走一步

上课伊始，在简单的导入之后，闫学老师便带领学生"走进祖父的园子"。通过默读课文，学生认识到这是一个"生机勃勃的""充满自由的""丰富多彩的""五彩缤纷的""随心所欲的""快乐的""美丽的""可爱的"园子。在学生充分表达整体认知之后，闫学老师带领学生研读了一个"篇幅最长、花费笔墨最多"的段落，在找关键词、关键句、变换角色体验朗读之后，闫老师带领学生学习了此段的写作方法。现在让我们回到课堂现场。

教学片段

师：这一段写了倭瓜、黄瓜、玉米和蝴蝶等景物的自由、快乐，但只是它们自由、快乐吗？除了它们感到快乐，还有谁感到自由和快乐？

生：作者感到了自由和快乐。

师：哦，是作者感到了自由和快乐，但在这一段中，作者没有直接写自己的自由和快乐，这叫作什么写法？

生：托物言志。

师：这是托物言志吗？想想看，托物言志是什么？托物言志是托某个具体的事物来表达自己的志向，例如我们学过的《种子的力量》和《白杨礼赞》中写种子的力量和白杨树的精神，重在表达自己的志向，但这篇课文中写动物、植物的快乐，是重在表达自己的志向还是表达自己的心情呢？

生：表达心情。

师：对，这里重在表达心情。像这类借助于其他事物的快乐和自由来表达自己的快乐和自由的方法，就叫作寓情于景。寓情于景是把自己的感情寄托在景物之中（边说边板书"寓情于景"）。王国维在《人间词话》中这样写："一切景语，皆情语也"（多媒体展示），意思是说：景物的描写都是用来表达人物的喜怒哀乐的。例如，当你开心的时候，景物就变得美好；当你伤心的时候，景物也不那么美好了。景物悲，人物悲；景物喜，人物喜。这样说来，景物的自由、快乐就是作者萧红的自由、快乐。对于这点，大家能理解吗？

生：理解。

师：那么，究竟是什么让萧红如此快乐呢？请大家联系全文思考。

生：祖父对她的喜欢和疼爱。

师：对，祖父对她的喜欢和疼爱让萧红的世界变得这样美好。如果没有祖父的爱呢？在《呼兰河传》中，还有另外一个小女孩。这个小女孩到了一户人家，只几个月的工夫就被折磨而死。萧红这样写小女孩被折磨致死的那天晚上的景色：

星星月亮，出满了一天，冰天雪地正是个冬天。雪扫着墙根，风刮着窗棂，鸡在架里边睡觉，狗在窝里边睡觉，猪在栏里边睡觉，全呼兰河都睡着了。（幻灯片展示，师有感情地朗读。）

通过这段文字，你感受到了什么？

生：感受到了忧伤和悲痛。

生：感受到了伤心和沉重。

师：是啊，"一切景语，皆情语也"。从这两段文字中，我们真实地感受到了景物的变化其实就是心情的变化，这种写作方法就叫作"寓情于景"。（再次指着板书上的四个字进行强调。）

教学片段赏析

在以上教学环节中，闫老师提到了寓情于景的写作方法。在这个环节的处理上，我们很多时候仅仅是从文字中得出写作方法，然后简单地提一下这个词语，给学生一个名词，就匆匆转入下一个环节。这样的过程，很难让学生有真正意义上的收获。这不由得让我想到王晓春在《语文课如何是好》中所说的："语文课最大的问题是面面俱到，却又没有一处能讲清、讲透、讲明白、讲彻底，字、词、句、篇、章、修、罗……小学讲，初中讲，高中还在讲，一节课可能涉及三十个知识点，每个知识点都用了那么几秒钟，但没有把一个知识点弄清楚，所以，教师一直在重复，学生一直在懂与不懂之间……"

但是，闫老师没有这样匆匆滑过，而是在这个地方"顿了两顿"。

第一"顿"来自王国维的"一切景语，皆情语也"。对于学生来说，这个句子本身就是鲜活的，用它来阐释寓情于景，本身就是一个新的体验，学生肯定喜欢，这无疑能为学生搭一个更高的台阶，引领学生达到一个新的高度。学了新知，便有了新的收获。

第二"顿"来自那段拓展的文字。为了帮助学生透彻理解，闫老师又设计了拓展阅读，同样选取萧红《呼兰河传》中的一个片段，只是这次选择的是一个悲伤的场景。用悲伤的场景来表达另一个女孩子的悲惨遭遇，有了这一喜一悲的比较，有了同一话题的反复，学生对寓情于景的认识可能就会更深入，更牢固。

语文课，需要这样的"顿一顿"，只有在这样的"顿一顿"中，学生的思维才会跟着"向前走一步"。新建构理论认为，个体的学习是知识意义上的主动建构，学生只有通过独立思考、认真听讲、积极讨论等主动参与的外显行为，才能不断内化教学内容。课堂，该跟进时一定要跟进一步，该夯实时一定要夯实，千万不能浅尝辄止。

二、朗读指导从学生的实际出发

语文课当然少不了朗读，也当然少不了朗读指导。常规情况下，老师不管学生是否已经能够做到，先从技巧上入手，告诉学生该用或欢快的、或悲伤的、或平静的、或激昂的语气去读，指导哪些词语要读得重一些，哪些词语要读得轻一些等。但在闫老师的课堂上，她没有进行这样的指导，而是先读后导，在学生现有的朗读基础上进行适时点拨，并让学生在读中体悟。

开课三分钟，要求学生默读课文时，闫老师发现有"指读"现象。闫老师停止了教学，然后进行默读指导："同学们，默读时只能用眼睛扫视，而不能用手指指着书读，用手指指着读会影响读书速度的，知道吗？"默读结束后，闫老师又一次强调："默读要用眼睛扫视，用这种方法能很快读完且能读懂文章的意思，这是一种能力。我们大家要加强这方面的练习。"

在品味重点段落时，闫老师请一个学生朗读。这个学生一开口，我们就听出他习惯唱读。这时，闫老师又进行了朗读指导："我打断一下，读书的时候，要试着把声音放干脆点（边说边示范），不要拖长腔。你再试试？"这就是在学生现有的基础上进行的有效指导。

在分角色体验朗读时，倭瓜的扮演者读得比较僵硬，这时，闫老师这样指导："能不能让声音更加自由些？再试着把声音放高一些。"当黄瓜的扮演者读音读得不太准时，闫老师又是这样指导的："黄瓜'愿意结一个瓜，就结一个瓜'中的'结'读一声。"在这里，当这个学生的读音不准确的时候，闫老师及时地提了出来。这样的指导就是适时性的指导，发现问题后马上解决问题。问题来源于学生，又解决于课堂，这样的课堂肯定是高效的。

三、课堂评价应让学生不仅"知其然"还要"知其所以然"

自从课堂实施激励性评价以来，自从文本可以多元解读以来，语文课堂上就很少见到老师否定学生的现象。但是，多元化解读就是随意解读吗？激励性评价就不能说"不"吗？其实，多元解读有两条基本原则：多向度和有边界。评价也要实事求是。

在闫学老师的课堂上，她做到了这一点。

例如，在初读感知环节，闫老师问"这是一个____的园子"，学生回答得非常踊跃。在用了"生机勃勃的""充满自由的""丰富多彩的""五彩缤纷的""随心所欲的""快乐的""美丽的""可爱的"等词语后,一个学生说"这是一个充满小动物的园子"。听到这个回答,闫学老师顿了一下,然后追问:"小动物能充满吗?小动物不能充满,你是不是想表达这里有很多小动物,有了小动物,这里就充满了生机、充满了活力这个意思?"学生肯定地回答:"对对对,我就是想说这些。"听学生这样回答,闫学老师笑了笑,说:"那现在你知道该怎么回答了吗?"小男孩马上回答:"这是一个充满生机和活力的园子。"(台下爆发出掌声)

很显然,"这是一个充满小动物的园子"这句话是错误的,面对学生的这种错误,闫学老师进行了更正和引导,她机智地抓住学生"所答"与"应答"之间的内在联系进行梳理和引导,让学生在原来的基础上真正有所提高。她首先反问:"小动物能充满吗?"用这个问句引起学生的思考,然后又自问自答"小动物不能充满"。那么,既然不能充满,这个孩子为什么还要说这是一个充满小动物的园子呢?他想表达的到底是什么意思呢?此时,如果追问,学生可能真的回答不出来,因为他现在正困顿在这个节点上。这时,老师一定要帮着学生梳理,让他的思维突破困顿,变得清晰起来。于是,闫老师又进行了猜测:"你是不是想表达这里有很多小动物,有了小动物,这里就充满了生机、充满了活力这个意思?"有了这样的提醒,小男孩的思维清晰了起来,所以,当老师再问该怎么回答时,他马上回答出了"这是一个充满生机和活力的园子"。

这样的处理,蕴藏着真正的教学智慧,遇到问题,直面问题,抓住"所答"和"应答"之间的内在联系进行梳理和引导,让学生有了真正的提高。写到这里,我想到了另一位教师执教《谁是最可爱的人》时的一个环节,课堂上,教师这样问:"第三个事例写了志愿军的哪个方面?"学生一个接一个回答"艰苦生活""生活艰苦""战场艰苦"等,教师都予以否认,最后告诉学生应该答"以苦为乐"。在这个环节中,为什么"艰苦生活""生活艰苦""战场艰苦"是不对的,而"以苦为乐"是正确的?它们之间有什么区别?然而那位老师没有进行区分,只是把正确答案展示了出来。我不知道,这样一个展示,是否能让学生真正分清正确与不正确之间的区别。

除了这个环节外,在很多环节闫老师都大胆地向学生说"不"。例如,当闫老师询问写作方法的时候，一个学生回答"托物言志"。一般课堂上，很多老师可能只是反问一句"这是托物言志吗？"，然后接着询问"还有其他答案吗？"，通过这种方式寻找下一个答案。这其实是对这个问题的不置可否。当学生回答错误时，肯定是因为他本身对这个细节不太清楚，这样的处理无济于学生学习。看闫学老师是怎么处理的："这是托物言志吗？想想看，托物言志是什么？托物言志是托某个具体的事物来表达自己的志向，例如我们学过的《种子的力量》和《白杨礼赞》中写种子的力量和白杨树的精神，重在表达自己的志向，但这篇课文中写动物、植物的快乐，是重在表达自己的志向还是表达自己的心情呢？"有了这样的引导，相信学生会正确比较出"托物言志"和"寓情于景"的区别。

再比如，一般的课堂上，当老师问完一个问题，有学生马上举起手时，大多数老师都是急不可待地让学生站起来回答，似乎学生举手愈快，愈能表明教师的教学水平高超。而闫学老师呢，她这样评价："你举手举得真快，但是，你还是不能说。因为你一说，其他学生只听你的答案了，就不再思考了，所以，还是先请你暂时等一下。以后，听了问题要先思考，然后才举手。"是的，课堂是所有学生的课堂，该思考的时候一定要留下一点时间去思考，千万不能只满足于赶进度，而挤压学生思考的时间。

总之，这节课，无论是从课堂预设，还是从课堂实践，无论是从教师指导，还是从对学生的评价来看，都基于学生的基础，给人的感觉是实实在在、扎扎实实，且梳理丝丝入扣，层层深入。听着这样的课，只有一个感觉：教学，还是要落到实处。

"不知道"也能变出精彩
——读钱梦龙执教《死海不死》的课堂实录有感

一提到钱梦龙老师执教的《死海不死》,很多人可能很快想到钱老师在这节课上精彩的导课。当我读了钱梦龙老师执教这节课的课堂实录后,我更佩服的是他面对学生一而再、再而三地回答"不知道"时的处理方法。看完这些教学片段,我才知道:原来,课堂上学生不精彩的回答也能变成课堂的精彩,甚至当他说"不知道"的时候。

教学片段

师:你们知道这篇文章是什么文体?

生:是说明文。

师:说明文是个大类,包括各种产品说明书、书籍的出版说明和内容提要、词典的释文、影视剧内容介绍及讲义、知识小品,等等。凡是以说明事物或事理为主要表达方式的文本都是说明文。(指一学生)你说说看,这篇课文是说明文中的哪一种?

生:是知识小品。

师:(问全班)他说得对不对?同意的请举手。(多数学生举手)你说对了。但什么是知识小品,你知道吗?

生:不知道。

师:知识小品有什么特点,知道吗?

生:不知道。

师:你都不知道?(生点头)那你怎么知道这篇课文是知识小品呢?

生:我是瞎蒙的。(笑)

师：不，你肯定不是瞎蒙的，你心里肯定有个关于知识小品应有的"样子"，而这篇课文正好符合你心里的这个"样子"。是这样吗？

生：我心里没有样子。（笑）

师：那你为什么不说它是产品说明书或别的什么说明性文体，而偏偏说它是知识小品呢？你在说的时候心里肯定有过一些选择的，是不是？

生：是的。

师：好好想想，你在各种文体中选定知识小品，当时是怎么想的？

生：因为它是介绍关于死海的知识的，文章很短小……所以是知识小品。

师：说的对啊！知识小品就是介绍科学知识的，文章篇幅又很短小，所以叫"小品"。你看，你说出了知识小品的一些重要的特点，你明明知道，怎么说不知道呢？

生：这是我看了课文后临时想出来的。

师：这更了不起，说明你思维很敏捷，很有判断力，我早说过你不是瞎蒙的嘛！

教学片段赏析

在这样的课堂上，学生的两次"不知道"、一次"瞎蒙的"和一次"我心里没有样子"似乎没有给钱老师留一点退路。面对这种状况，教师应该怎么办？大多数教师可能会选择让学生坐下，然后再挑选知道此问题答案的学生来回答，避免课堂陷入僵局，避免学生和老师陷入尴尬。

但钱老师没有这样做，他没有轻易"放过"这个说"不知道"的学生，他非要一点点引导这个说"不知道"的学生，让他"知道"需要知道的内容。

钱老师问该生的第一个问题是"什么是知识小品"，这个问题指向的是"知识小品"的概念。面对这个问题，学生回答"不知道"。确实，用一句简洁、准确的话来概括"知识小品"也不太容易。当听到"不知道"时，当意识到这个问题有难度时，钱老师马上更换了问法，这次，他问的是"知识小品文有什么特点"。"概念"是要概括的，而"特点"只需要描绘出来就可以了，也就是说，钱老师在第二问中降低了难度，更易于学生回答。但没想到，学生仍然回答"不知道"。

看学生还是"不知道"，钱老师仍然没有放弃，他又更换了问法，这次，他问的是"那你怎么知道这篇课文是知识小品呢？"这一句不问而问，意在引导学生思考自己认定这篇文章为知识小品文的根据。这个问题更接近学生的实际，他判断该文为知识小品的根据是什么，直接说出来就行了。但没想到，这次学生的回答是"瞎蒙的"。

似乎已经到了山穷水尽的地步，似乎把课逼到了绝路。但钱老师没有停下来，他继续降低问题的难度："你肯定不是瞎蒙的，你心里肯定有个关于知识小品应有的样子，而这篇课文正好符合你心里的这个'样子'。是这样吗？"钱老师这次的发问，给学生明确地指出一条路径——结合这篇文章，描述知识小品文的大致"样子"。这个要求，比前面的"结合这篇文章，提炼知识小品文的概念"就更容易一点了。但没想到，学生的回答是"我心里没有样子"。

真要把课逼到绝路了！但钱老师仍然没有放弃，他继续降低难度，问："那你为什么不说它是产品说明书或别的什么说明性文体，而偏偏说它是知识小品呢？"问这个问题时，钱老师给学生提供了比较对象——说明书或别的说明性文体，让学生在"说明书"和"知识小品"之间寻找比较点，意在通过比较，让学生发现知识小品的特点。

比较是一种重要的认知方式，平时，我们评价一个物体是高还是低，是长还是短，是因为我们心中已经有了一个正常的参照物。在这里，钱老师启用了"比较法"，"知识小品"和"说明书"之间的区别还是很大的，两者一经比较，就更容易看出前者的特点。果然，这次，学生终于有了肯定的回答——"是的"。

学生终于回答了"是的"，看起来，问题已经接近了学生的认知水平，于是，钱老师就又接着问："你在各种文体中选定知识小品，当时是怎么想的？"这次发问，重在让学生"回忆思考过程，明晰潜意识里的判断依据"。终于，在再三比较之后，该生有了自己的答案："因为它是介绍关于死海的知识的，文章很短小……所以是知识小品。"就这样，知识小品文的特点终于被两次说"不知道"、一次说"瞎蒙的"和"我心里没有样子"的学生自己总结出来了。

在这个案例中,从第一个问题到第六个问题,分别涉及"界定知识小品文的概念""描述知识小品文的特点""结合这篇课文,提炼知识小品文的概念""结合这篇课文,描述知识小品文的大致样子""提供说明书等比较对象,通过比较,发现知识小品文的特点""回忆思考过程,明晰潜意识里的判断依据"等方面,在这一过程中,钱老师一直在调整追问的角度,一直在寻找学生的认知起点,一直在缩小问题的切入口,一直在降低问题的难度,终于,他寻到了。

原来,当课堂上遇到学生说"不知道"时,再找个学生来回答并不是唯一的方式。当课堂上出现了冷场时,有时并不是学生出了问题,而是教师预设的问题出了问题。教师要善于思考,思考自己提出的问题是否难度太大,自己应该进行怎样的调整以适合学生的认知水平。

原来,课堂的精彩不只是体现为学生精彩的回答这一个元素;原来,"不知道"里也同样能变出精彩。

课堂，要让思考在场
——读王栋生执教《思考问题的"路数"》的课堂实录的启示

王栋生老师执教《思考问题的"路数"》的课堂实录[1]给了我很多启示。这是一节作文课，一般来说，作文课的重点是指导写作技法，诸如怎么进行心理描写、动作描写，怎么进行开头结尾的写作，但这节课却给我了另一种启示：课堂，一定要让思考在场。

教学片段

师：下面，我们再来"练练脑子"。请看这道作文题："滴水穿石"的启示。（板书作文题）

（静场10多秒钟，全场无话。）

师：从我写完这几个字到现在，10秒钟已经过去了。你们想到的是，这篇文章应当写什么样的"启示"，对吗？

生：对。

师：我还知道你们在想什么。信不信？你们打算阐述的观点是"要持之以恒""有志者事竟成"……

生：（全班笑）对。

师：也就是说，全班同学无一例外都能想到这一点。

（众笑。）

师：那这个题目简直没有什么价值了，按这样的思路去写，有可能千

---

[1] 郑桂华.高中语文教师专业能力必修[M].重庆：西南师范大学出版社，2012：147—149.

篇一律。作文要有创造，要有自己的独立思考。在想到"滴水穿石"这个成语的时候，凡是有正常思维的人，脑海中都会出现"滴水穿石"的画面。因为这是个经常使用的短语，它所包含的意义几乎是常识性的，而我们平时恰恰会忽略常识性语言所包蕴的多种含义。

师：题目是"启示"，既然是"启示"，会不会只有一种？每个同学都再想想，还可以有什么启示呢？

（又过了10秒钟。）

生："锲而不舍"，"贵在坚持"。

师：这与前面说的"要持之以恒""有志者事竟成"还是一个意思啊！

（学生笑。）

师：想象一下"滴水穿石"的画面，你能否从中获得其他的启示呢？

（全班安静。）

师：我把问题再换个方式，"滴水穿石"还需要哪些条件？

生：需要水和石头。

师：这个"条件"不成其为条件，不怪你，看来是我的问题不明确。

师：我还是希望同学们能自己想出来。在我教过的班里，不管多难的问题，至少要有一位同学想出来。

（有一位同学有醒悟的神情。）

师：请你来说说。

生：我想，如果水滴不是滴在一个固定的点上，就不可能"穿石"。

师：你说得对！能不能把这句话表达得更准确一些？

生：目标。目标必须专一。

师：很好。你的思考已经超越了一般人。大家说，他讲的对不对？

生：对！

师：现在，我们已经有了两个"启示"，如果写成议论文，你可以有两个分论点，这样的立论，就比仅仅说"要持之以恒""锲而不舍"严谨得多了。

师：那么，你们认为这样的思考是不是已经很成功了？

生：（插话）我能想到这些已经很不错了。

生：老师好像还不满足，这个问题可能还能朝前走。

师：如果仅仅是看出我不满足，那不过是为我考虑。现在的问题是你自己的思维能不能再深入一下。我们知道，在思考问题时，不能满足于一种答案，不要满足于自己的直觉，很多时候是可以"再朝前跨一步"的。来，说说，还有没有可能得到其他的启示？有没有同学能发现其他值得议论的"点"呢？

（气氛比较活跃，也有学生凝神在想。）

你们可以讨论讨论。不妨再想想"滴水穿石"的过程。

（同桌讨论。）

生：太慢了。

师：什么"太慢了"？声音大一些，要把话说得让全班都听见。

生："滴水穿石"的精神可嘉，但是效率太低了，水滴石穿要几千年甚至几万年的时间。

师：说对了。我们通常所说的"滴水穿石"是一个漫长的过程，也许要几千年、几万年甚至更长的时间。在当今社会，无论是生产实践还是科技革新，都强调速度快，社会生活也需要快节奏，要努力提高效率。就拿水来说，给水加高压，可以用来切割木板、塑料、薄钢板，可以用来做外科手术……

生：电视上介绍过。

师：那你为什么没想起来？

生：我想的是能不能找一个与"持之以恒""目标专一"并列的分论点，我没想到可以换个角度，从反面去想。

师：换个角度就能看到事物的另一面。其实事物未必只有"反面"，它也许有无数面，所以观察事物可以有多种视角。有位美术老师让小学一年级学生画一只茶杯，他把茶杯放在讲台上，结果小孩子们交来的临摹作业画出的茶杯都不一样：前排和后排看到的大小不一样，坐在教室两侧的和中间的同学看到的茶杯形状不一样。要注意从不同的角度去观察思考，这是个很简单的道理，我们在生活中习以为常，可是到了写作的时候，反而会忘记。

我们换一个角度思考，由"水滴石穿"想到要提高工作、学习的效率，在前面思考的基础上，又得到"应当尽可能地提高效率"这样的启示。这样一来，通过积极深入的思考，你有了两个分论点,文章也有了第二个层次,立论就比较全面,也比较深入了;如果你的表达也好,那自然有可能与众不同了。这是一种思考问题的方法。我们思考问题视野狭窄或是观点肤浅,常在于不肯"再朝前跨一步"。思考问题时不满足于简单的答案,不满足于只考虑出一种可能,你就能常常获得更多的启示。需要指出的是,生活中有人规劝别人忍让宽容,常说"退一步海阔天空",其实,"朝前跨一步"也可能海阔天空!

教学片段赏析

这是王栋生老师执教的《思考问题的"路数"》作文指导课的第二个主要的环节。这节作文课的题目是"'水滴石穿'的启示",我想如果我上这节命题作文课,我会怎么设计呢?也许,我更多的是强调文章要有明确的观点,诸如"目标要专一而不能三心二意""行动要持之以恒而不能半途而废"等,然后再强调要用合适的事例支撑自己的观点,选择事例时,可以选择正面的事例,也可以选择反面的事例……

大多数情况下,我们的注意力都放在材料的选择、语言的雕琢以及文章的结构上。但在王老师的这节课上,他强调的不是这些方法和技巧,而是一直在引导学生的思维往深处走。

关于"滴水穿石"能给大家什么"启示",王老师询问学生是否想到了"持之以恒""有志者事竟成"等,这似乎是我们的思维惯性,就好像一说到"铁杵磨绣针",我们想到的就是"功到自然成"一样。

当学生处于这种惯常思维状态时,王老师开始了引导,他要引领学生跨越这个思维桎梏,他引导学生思考:"全班同学无一例外都能想到这一点。那这个题目简直没有什么价值了……作文要有创造,要有自己的独立思考。"在这里,王老师提到了作文的"价值",他强调:"如果大家想到的都是一点,那么这样的文章就没有价值。"王老师用"没有价值"来评价那种老生常谈的文章,鼓励学生独辟蹊径,引导学生面对作文题目要"独立思考"。

怎么独立思考呢?在王老师的提示下,学生的思维一点点打开。王老师提示学生想象"滴水穿石"需要的条件,几经周折,学生想到了水要滴在一个固定的点上，顺着这个思考方向，再加上王老师的进一步启发，学生得出了"目标必须专一"。从看到题目时得出的"持之以恒、有志者事竟成、锲而不舍、贵在坚持"等惯常思维到"目标专一"，学生的思维已经有了较大的跨越，至少已从固有的拘囿中走了出来。但很明显，这种思维深度还不能满足王老师的期望，他还在期待学生有更多的发现，所以，他没有停下来，而是要求学生继续深入，进一步打破思考的瓶颈，他对学生说："在思考问题时，不能满足于一种答案，不要满足于自己的直觉，很多时候是可以'再朝前跨一步'的。"并且建议学生"可以讨论讨论，不妨再想想'滴水穿石'的过程"。有了这样的要求和引领，学生果然有了新的收获："'滴水穿石'的精神可嘉，但是效率太低了"。这是一个和平常对"滴水穿石"大加赞赏的态度完全相反的思考方向，学生不知道这样的思考方向是否正确，所以，他不太自信，声音也很低。这时，王老师说："这是一种思考问题的方法。我们思考问题视野狭窄或是观点肤浅，常在于不肯'再朝前跨一步'。思考问题时不满足于简单的答案，不满足于只考虑出一种可能。"

这个教学过程中，王老师或调侃，或点拨，或追问，或纠正，或示例，让学生在融洽的氛围中一步一步开拓了思考空间，在原有的基础上有了较大进步。原来，作文训练中，学生需要的不仅仅是技法指导，他们更需要一个完全独立的思想。如果华美的语言是一篇文章漂亮的外衣的话，那么，支撑起这件外衣的，必须是一个有灵魂的骨骼。学生需要训练华美的语言，但更需要思维的深入。这样说来，课堂应该引领学生抵达思维的最深处，技法和思维的关系永远是皮毛和骨骼的关系。

教师的教应在学生的已知之上，为了让学生更好地提高，课堂一定要重视学生的思考力。只有有了思维的参与，学生才能品尝到发现的乐趣。苏霍姆林斯基曾说："在人的心灵深处，都有一种根深蒂固的需要，这就是希望感到自己是一个发现者、研究者、探索者。"课堂，一定要让学生的思考参与进来，让学生的思维有所提升，有思考参与进来的课堂，才是真正有收效的课堂。

运用比较触摸诗歌
——杨建刚《乡愁》教学片段赏析

诗歌是一种特殊的文学形式，它的语言不同于生活用语和一般书面用语，是文学中更为艺术的语言。从微观上来讲，它的特殊在于词性的变异、语序的倒错、句型的变化，语随意成；从宏观上来讲，它的特殊在于不过分拘泥于语法逻辑，而讲究语言的传神达意，追求语言的高度凝练和浓缩。所以，很多时候，诗是不可解的，把诗歌一句一句还原成白话，犹如把一颗晶莹剔透的珍珠碾成不堪入目的粉末。但在语文课堂上，诗又是不得不解的，唯其如此，在诗歌教学中，教师往往陷入尴尬的境地：讲授太多太白，就冲刷了诗歌或淡或浓的味道；但说得不多不白，似乎这节课又没有讲透彻，学生没有什么收获。有人这样评论语文课堂：老师不讲也懂，老师讲了也不懂。诗歌的课堂更是如此。那么，到底怎么做才既能引导学生品味诗歌这坛蕴含各种味道的"佳酿"，又不把诗歌翻译成平淡无味的白开水呢？

我有幸听了河南省濮阳市第九中学杨建刚老师执教的《乡愁》（人教版九年级下册）一课。教学中，杨老师设计了这样一个环节：通过比较，让学生自然而然地得出诗歌的语言美、结构美、意境美。在这点的处理上，一般教师仅仅是让学生读几遍，然后生硬地把三个词语教给学生，这样的教学过程能让学生真正理解吗？答案大多是否定的，而杨老师的过人之处就在于他讲解诗歌不留痕迹，让学生在比较中触摸到文字的温度和诗歌的灵魂。

教学片段

师：欣赏诗歌还要仔细品味、琢磨富有表现力的语言，以挖掘蕴藏在字里行间的真情实感。请同学们看大屏幕，这是我改写过的一首《乡愁》。请一位同学读一读。

（大屏幕显示）

乡　愁

小时候	乡愁/是/邮票	我/在这头	母亲/在那头
长大后	乡愁/是/船票	我/在这头	新娘/在那头
后来啊	乡愁/是/坟墓	我/在外头	母亲/在里头
而现在	乡愁/是/海峡	我/在这头	大陆/在那头

师：发现什么问题了吗？

生：缺少了很多词语。

师：缺少了词语？我们向来要求写文章要简练，这样不更简练了吗？

生：这里不能简练，数量词"一枚、一张"准确形象地表示出邮票、船票的形状，而"小小的""窄窄的"又形象地写出船票面积小但是承载的乡愁却非常浓重，反衬诗人内心强烈的思乡之情，所以不能简练。

师：你说得不错！确实不能简练，但是我觉得"窄窄的"也可以换成"薄薄的"，"薄薄的"可以反衬诗人心中厚厚的乡愁，你认为可以吗？

生：（纷纷地）不可以。

师：为什么？

生："窄窄的"是形容船票的形状，与"小小的""矮矮的"一致，音节上也押韵；而"薄薄的"是形容厚度的，与上下文不一致，音节不押韵，破坏了诗歌的音韵美。（其余学生微笑赞同。）

师：哦，原来这里体现了诗歌的"音韵美"，你真聪明，你又教会了老师一些诗歌知识：诗歌要讲究音韵美。老师向你学习！

生：（争着举手回答）"浅浅的"一词给人无限希望：那么跨越海峡便不难，

去掉"浅浅的",就表现不出诗人渴盼祖国统一的强烈愿望。

师： 炎黄子孙是一家人,我们也希望两岸人民的深情能尽快地填平这浅浅的海峡,使两岸变通途。

生： "矮矮的"一词形象地写出了坟墓的特点,又真切地传达出诗人与母亲阴阳两隔、永不得相见的哀伤。

师： "矮矮的"写出了诗人的哀伤,你能试着读出这种哀伤吗?（生低沉舒缓地读这一小节,较准确地传达出诗人的感情。）

师： 前面几位同学的发言很好,分别从数量词和形容词方面进行了赏析。现在谁能把前面几位同学的发言做一个简单的总结——这些数量词和形容词为什么不能去掉?

生： （略思考）这些数量词和形容词的运用体现了诗歌的语言美,所以不能去掉。

师： 你总结得真好,原来诗歌的第一美就是语言美。(边说边板书"语言美")好,刚才老师的改写是失败的,现在,我又进行了第二次改写,请看大屏幕。

（大屏幕显示）

乡　愁

小时候,乡愁是一枚小小的邮票。我在这头,母亲在那头。长大后,乡愁是一张窄窄的船票。我在这头,新娘在那头。后来啊,乡愁是一方矮矮的坟墓。我在外头,母亲在里头。而现在,乡愁是一湾浅浅的海峡。我在这头,大陆在那头。

师： 你感觉如何?诗的味道、结构有变化吗?

生： 感觉没有了诗歌的味道,也没有了诗歌的节奏和结构美。

师： 你的意思是说,诗歌不但要讲究语言美,还要讲究节奏美和结构美。(边说边板书"结构美")

师： 老师总是失败的,我现在进行第三次改写。

（大屏幕显示）

乡　愁

小时候　乡愁/是一枚/小小的/邮票　我/在学校　母亲/在家里

长大后　乡愁／是一张／窄窄的／船票　我／在异乡　新娘／在家乡

　　后来啊　乡愁／是一方／矮矮的／坟墓　我／在坟外　母亲／在坟里

　　而现在　乡愁／是一湾／浅浅的／海峡　我／在台湾　大陆／在对岸

（生读完，纷纷举手，要求发言。）

生： 这样修改了以后，感觉很别扭。

师：（追问）到底是哪里别扭呢？

生：（仔细琢磨）这样太直白了，像原来的多好：我在这头，母亲在那头。尽管"这头"也是指学校，"那头"也是指家里，但是，直接说出来了，就没有原来的诗句更耐品味。

师： 他用了一个词语"耐品味"，真好，诗歌如茶，是要品的，轻轻地呷一口，别急着下肚，慢慢地品味，这悠长的味道啊，尽在这一品中。诗歌的这种特点，就是诗歌的意境美。

（边说边板书"意境美"，学生纷纷点头。）

师： 美丽的语言，忧伤的乡愁，通过琢磨品味，我们真切地感受到语言精练含蓄，内蕴丰富的魅力，加深了对诗人感情的理解。总看这首诗歌，我们不难发现，她的美就体现在三个方面：语言美、结构美、意境美。以后，我们再学习诗歌，就可以从这三个方面来品味。

教学片段赏析

　　余光中的《乡愁》通篇只有88个字，学生一读就懂，余光中自己就把这首诗列为"浅显之作"。然而教好这样的浅显之作却并非易事，用流沙河的话说："这是一粒水晶珠子，内无瑕斑，外无纹痕，而且十分透明，一眼便可看穿，叫我说些什么。我看见了的，别人也都看见了，还要我来说吗。看来看去，这粒水晶珠子仿佛不是工匠琢磨而成的，而是天然形成的……"可是，就这浅显之作，却蕴含着作者"烧我成灰，我的汉魂唐魄仍然萦绕着那一片后土"的一片赤子之心。那么，怎么才能让十几岁的学生，隔着时间和空间的距离，近距离地触摸文字的温度和诗人的灵魂，以便更深刻地理解作者的构思之高妙呢？

杨老师深深懂得：诗，一定要读，一定要品。除了读和品，杨老师思考更多的是读的方式和品的方式。如果仅仅局限于表层的读或者简单的品，那对《乡愁》的理解势必会流于表层。诗歌是美的，可是美的传递方式是熏染而不是解析；诗歌的创作是将无形之物化为有形之物，可是诗歌的鉴赏评点则是要通过有形之物探究无形之情。那么怎么更好地熏染学生，怎么更好地通过有形之物探究无形之情呢？俄国教育家乌申斯基说："比较是一切理解和思维的基础。"于是，杨老师以诗人的胆识选择了"改写"。通过三次改写，让学生在与原诗作的比较中品味了语言、结构和意境，触摸了作者的情感。

第一，品味语言。

杨老师通过把数量词一枚、一张、一方、一湾和形容词小小的、窄窄的、矮矮的、浅浅的去掉，让学生切实感觉到了这些形象、生动、重叠的词语的重要性。有了这些词语，诗歌似乎就有了大珠小珠落玉盘的节奏和悠扬婉转；而去掉这些词语，语言顿时就变得枯燥单调。所以，通过这一简单的比较，学生很轻松地懂得了诗要讲究用词美、音律美。

第二，品味结构。

杨老师通过把诗歌的长短句改换成散文的形式："小时候，乡愁是一枚小小的邮票。我在这头，母亲在那头。长大后，乡愁是一张窄窄的船票。我在这头，新娘在那头。后来啊，乡愁是一方矮矮的坟墓。我在外头，母亲在里头。而现在，乡愁是一湾浅浅的海峡。我在这头，大陆在那头。"通过这样的改写，学生很容易读出改写后的内容缺少了一波三折的节奏和韵律。而诗歌没有了节奏和韵律，势必味同嚼蜡。通过比较，学生自然而然地感受到：诗歌的韵味全在诗歌的结构中。在这样的改写比较中，学生又很轻松地品味到诗歌要讲究结构美。

第三，品读意境。

杨老师通过更换几个词语，把整首诗改写成了大实话，"我／在学校　母亲／在家里""我／在异乡　新娘／在家乡""我／在坟外　母亲／在坟里""我／在台湾　大陆／在对岸"，这一简单改写，看似游离了诗作，却是"发功"前的一段"蓄势"，是"实景清而空景现"。通过这样的改写，学生轻轻松松就懂得了，诗歌的韵味原来尽在这样的含蓄的意境中。

到这里，听课的老师都在点头称许。是啊，学生看似没有出声读书，但是这是实实在在的"读诗",这是对诗的一种再创造,是情感升华后对诗的再演绎,完全能达到"真境逼而神境生"的目的。尽管没有过多语言的解释和阐述,学生却能理解到诗歌的美妙之处,这足以让学生浸泡在诗歌语言的陈酿之中,慢慢浸润,慢慢吸收。这样的教学引导可谓匠心独具,收到了"言已尽而意无穷"的教学效果。

如果说诗歌的创作讲究一种意境,那么,在这节课的执教上,杨老师的这一设计何尝不是为了追求一种诗意的氛围呢?

小链接

运用"比较法"的经典案例

"比较是一切理解和思维的基础",比较法是通过删除或者改换词语造成新的语句,使之与原来的语句在语体雅俗、意义轻重、情感深浅、修辞润色等方面有差异,再通过对比和分析,引导学生揣摩文本用词之精妙。孙绍振先生曾指出:作品的解读应把文化哲学层面的分析方法转化为"还原"、"比较"这样可操作的方法。

于漪老师执教《卖油翁》一文,当讲解"乃取一葫芦置于地,以钱覆其口,徐以杓酌油沥之,自钱孔入,而钱不湿"时,让学生推敲"沥"的含义,把"沥"与"灌""倒"等词作比较,启发学生体会"沥"字使用的精当。

在执教《荷花淀》探夫遇敌一节时,上课老师抓住:"她们轻轻划着船,船两旁的水哗,哗,哗。"和"这几个青年妇女咬紧牙,制止住心跳,摇橹的手并没有慌,水在两旁大声哗哗,哗哗,哗哗哗!"两个句子,询问学生能否对换这两句中拟声词后的标点,或将两句的拟声词对换。通过一个标点符号和一个拟声词,帮助学生体味在不同的场景下,同一群妇女不同的心态。

上海市段乐春老师执教《安塞腰鼓》一课时,将"骤雨一样,是急促的鼓点;旋风一样,是飞扬的流苏;乱蛙一样,是蹦跳的脚步;火花一样,是闪射的瞳仁;斗虎一样,是强健的风姿"还原成惯常比喻形式,即本体在前,喻体在后。还原之后句子变成:"急促的鼓点像骤雨一样;飞扬的流苏像旋风一样;蹦跳的脚步像乱蛙一样;闪射的瞳仁像火花一样;

强健的风姿像斗虎一样。"通过这样的比较，学生很容易感受到原文将本体和喻体倒过来，更能直接表现当时的原初感受：震耳欲聋、撼人心魄、眼花缭乱、目不暇接、壮阔豪放。并且原文用"是"表达一种肯定和不容置疑的语气，更加凸显安塞腰鼓的特点，而"像……一样"，只是说明二者的特点接近，缺少了像"是"一样的肯定和斩钉截铁、不容置疑的情感。

帮助学生第一次还原还似乎不能完全感受句子的爆发力，于是段老师又有了第二次还原，将排比还原成抒情意味很浓的诗行形式：

骤雨一样，是急促的鼓点
旋风一样，是飞扬的流苏
乱蛙一样，是蹦跳的脚步
火花一样，是闪射的瞳仁
斗虎一样，是强健的风姿

通过这样的比较，学生也很容易看出，尽管诗行形式的表达也能昭示出作者的豪情，但一经品味，就看出了其中的差异：每一诗行的停顿时间相对比每一排分句的停顿时间要长，停顿的时间越长，越难以表达热烈、豪放、应接不暇的场面特点，也越难以表现作者对安塞腰鼓所迸发的震撼力的感触。

说明文也可以上得有滋有味
——听崔志霞老师执教《太阳》一课所想到的

说明文是一种用以介绍事物、解说事理为主的文体。因其主要任务是介绍和解说，所以文字难免有些单调、枯燥。这样的文章不易引起学生的兴趣，并且，老师讲解起来也不好使用煽情、夸张等技巧，设计起来不容易有新意。所以，在公开课上，很少看到有老师讲授说明文。但当我观摩了河南省濮阳市崔志霞老师所执教的《太阳》一课时，不由得为她的设计赞叹。

《太阳》是人教版三年级下册的一篇说明文，这是小学阶段的第一篇说明文。也曾听过其他老师讲授这节课，但在课堂上，很多老师讲着讲着就忘记了课堂的性质，把语文课上成了科学课，只引领学生学习太阳的知识，而忘记了语文课的任务。那么，对于小学中年级的孩子来说，怎样学习这篇课文才能让孩子学得有滋有味呢？

一、说明文也可以读得有滋有味

那天，在简单的导课和解决生字词后，崔老师就带领学生走入阅读环节。她首先让学生默读课文，并找出文章介绍了太阳的哪些特点。这个问题的答案不难寻找，学生很快就找到了答案：远、大、热。课堂进行到这里，大多数老师就开始生硬地分析说明方法，让学生毫无感觉地识记诸如"列数字""打比方""举例子""作比较"等呆板的、毫无生命力的名词，完全把语文知识化。但是，崔老师没有这样做，请看下面的教学环节。

教学片段

师：通过刚才的朗读，我们从字面上感受到了太阳远、大、热的特点。现在，老师提个更高的要求，看大家能否用你的声音把太阳的这些特点表达出来，请大家再次朗读课文。

（生纷纷摇头晃脑地练读，为了让声音更好地表达太阳的特点，他们把某些词语读得很重，某些句子拖得很长。练读完毕，学生纷纷举手要求展示，老师请两名同学朗读展示。两名学生有声有色地朗读，但是比较起来，第二位学生读得要更好一些。）

师：比较刚才两位同学的朗读，你从哪位同学的朗读中听出了太阳又大又远又热的特点？

生：（异口同声地）第二位。

师：第二位同学读的好在哪里呢？

生：他读"到太阳上去，如果步行，日夜不停地走，差不多要走3500年；就是坐飞机，也要飞二十几年"这句话时，其中的"3500年"和"二十几年"读得很重，让人一下就感觉到那么那么的遥远。

师：朗读时，关键性的词语确实需要重读强调，你评价得真好，你是否也能像他一样读出太阳远的特点呢？

（生试读这句话，全班同学鼓掌。）

师：好，其他同学是否也能够让老师从你的声音中听出来太阳的特点呢？

（生纷纷自由朗读，后又要求展示，朗读效果很好。）

师：刚才大家读得都很好，但是老师认为，在这句话中，不仅仅是这两个表示数字的词语需要重读，还有其他两个词语也需要重读，你试着读读，看能否读出来？

（生试读感受后纷纷举手。）

生：我觉得其中"不停"和"也"也需要重读。

师：对，"不停"强调了走路时的状况，即使是匀速的状况，"也"需要多长时间，这就避免读者产生误解。看起来，在这句话中，需要重读的不仅仅是数词，表示强调的副词也需要重读，大家把这几个词画出来，然后让我们再来试着读一遍。

（生朗读，该重读的地方重读。）

教学片段赏析

读书，是语文教学的第一要义。课堂上让学生空谈、空讲读书方法的做法应该摒弃。但在课堂上，让学生一遍又一遍、不厌其烦、无提升无进展地反复朗读的做法也不可取。这节课上，读通、读顺之后，崔老师没有脱离语言进行单调的分析，而是要求学生紧紧结合文字用自己的声音把事物的特点表达出来，这是一个难度不算低的要求。为了用声音表达事物的特点，学生在朗读时必须反复揣摩哪里该重读，哪里该轻读，这样一来，语言的抑扬顿挫、轻重缓急就很容易表达出来。能够用声音表达出来句子的含义，这样的理解算是彻底了，文章也自然而然被读得津津有味了。从这点上来说，崔老师巧妙地将朗读与理解文意结合在一起，让学生通过把握重读和停顿进一步了解了说明事物的特点，这样的设计真的很巧妙。

原来，说明文还可以读得这样有滋有味。

二、说明文也可以进行仿写

语文课大量阅读的背后是为了落实写作。阅读是基础，写作才是目的，这节课上，崔老师大胆地让学生进行了仿写训练，请看下面的教学片段。

教学片段

师：请大家读一读幻灯片上的这段话。

（幻灯片展示）

月亮距地球有38万公里，到月亮上去步行要800天，骑自行车要400天，坐飞机要200天。49个月亮抵一个地球。月亮的引力非常小，只有地球的六分之一。

（生自由出声阅读。）

师：从这段话中，你了解了月亮的几个特点？

生：我了解了月亮的两个特点：第一是月亮和地球之间的距离，第二是月亮的大小。

生：（急不可耐地站起来）老师，还有一个特点，是月亮的引力非常小。

师：哦，有你这样一个补充，这段话要表达的意思就更全面了。那么，我们能否把这段话改写一下呢？就仿照课本介绍太阳特点的方式介绍一下月亮，可以吗？

（生跃跃欲试。）

师：好，看起来大家的兴致很高啊，现在我们就模仿这段话来改写。

（幻灯片展示）

我们看到太阳，觉得它并不大，实际上它大得很，130万个地球才能抵得上一个太阳。因为太阳离地球太远了，所以我们看上去只有一个盘子那么大。

师：我们这样开头：我们看到月亮，觉得它和太阳大小差不多，实际上它比太阳小得多呢……

（生恍然大悟，开始写起来。）

教学片段赏析

写是读的发展和归向，是读的结果的证明，"读"和"写"二者应密切联系，相互依赖，相互促进，成为一个有机的整体。叶圣陶先生早就说过："阅读是吸收，写作是倾吐。"崔峦先生也曾说："在我们的语文教学中，一方面要加强阅读教学，另一方面要加强读写联系，做到读写渗透，读写结合。"可见，"读写结合"是语文能力训练的必由之路，我们很多教师也都能抓住阅读和写作间的内在联系，因势利导，以读带写，以写促读，把阅读和写作紧密结合起来，使学生把从课本中学到的语言、章法、技巧自觉地应用到作文中去，达到学以致用的目的，收到事半功倍的效果。

尽管很多教师都认识到了读写结合的重要性，但在平时的课堂上，这种训练多见于记叙文，说明文就少见了。但说明文就真的不需要仿写吗？现实生活中，说明文和人们的日常生活息息相关，就拿最简单的说明书来说吧，我们基本上天天都要用到。所以，说明文的写作训练，还是具有非常强的实用性的。

这节课上，崔老师大胆地进行了一个读写结合的尝试，进行了一个巧妙的安排：书本介绍的是太阳，崔老师让学生改写成介绍月亮。有了改写这一环节，学生一定会再进一步走进文字，思考段落与段落之间、句子与句子之间的关系；有了这样的思考，有了这样的转化，语文的味道就扑面而来。然而，在平时的阅读课上，我们往往只是一味地分析；在作文课上，我们往往只是一味地写作。这种教学方式，无形之中让阅读和写作成了毫无关联的两件事。其实，课文本身就是写作的范例，我们何不把阅读和写作结合起来呢？

听了这节课，我恍然大悟，原来，说明文也可以上得如此有滋有味。

你轻轻地读，我静静地听
——听谷宪民老师的听读课有感

听工作室成员谷宪民老师的课的前一天，得知谷老师要上一节"听读课"。这是我第一次听说"听读课"，于是产生了诸多的疑惑：什么是听读课？听读课和讲读课有什么不同？听读课听什么内容？听读课应该怎么听？第二天，这些疑惑终于解开了，两个小时内，谷老师轻轻地读，我们静静地听，但在我们的心底，都有一股冲动，因为我们切身体会到了一种别样的力量：教育，原本就是温和的浸润。

教学片段

师：今天，我们上一节听读课，这是我们本学期第三次上听读课。回忆一下，上听读课时，最重要的一点要求是——（师拖长声音，给学生思考的时间，但没有学生回答，老师又这样提醒）在老师读的时候，你应该怎样呢？

生：倾听。

师：说得真好。听读课一定要认真倾听，只有听清了文章内容，才能准确提出问题。在听读过程中，你可以在老师读到任何一个地方的时候站起来，说出你的感受或者提出疑问，记住了吗？我再说一遍，你可以在老师读到任何一个地方的时候站起来发言，说出你的感受或者提出疑问。记住这一点了吗？

生：（齐）记住了。

师：好。先请大家闭上眼睛十秒钟，让心静下来。（孩子们闭上眼睛，老师用目光扫视孩子们，教室里安静极了。）孩子，慢慢睁开眼睛。我相信，你的心已经静下来了，我们正式开始。

教学片段赏析

正式听读之前，谷老师向学生传递了这样几个信息：今天的课型——听读课；听读课的要求——认真倾听，倾听的过程中随时提出疑问或感受；听读课的准备工作——静心，并且通过十秒钟的活动安静下来。

这几个信息是必要的，同时也是简明扼要的。交流这几个信息时，谷老师语气舒缓而又平和，营造了一份宁静，但宁静中却让人有了一份强烈的期待。因为从心理层面上来说，这样的语气和语调极具亲和力，似乎是随风潜入夜的细雨，又似乎是从远方吹来的一缕杨柳风，一切都那么温和。

简单的几句话表明，谷老师一直在寻找学生的认知和思维起点，力争从学生的认知和思维起点出发。例如，当她问上听读课，最重要的一点是什么时，她故意拖长声音，让学生思考。没有学生回答时，她又更换了一个问法："在老师读的时候，你应该怎样呢？"比较一下"回忆一下，上听读课时，最重要的一点要求是——"和"在老师读的时候，你应该怎样呢"这两个问题，我们会发现，第二个问法的指向更具体、更明显，降低了思考难度，强调的是老师在读课文的时候学生在做什么。有了这个具体的指向，学生一下子就想到了"倾听"。

对于听读的过程，谷老师还提出这样的要求："在听读过程中，你可以在老师读到任何一个地方的时候站起来，说出你的感受或者提出疑问，记住了吗？"说完一遍后，谷老师又强调说："我再说一遍，你可以在老师读到任何一个地方的时候站起来发言，说出你的感受或者提出疑问。记住这一点了吗？"在课堂上，特别是公开课上，教师容易犯的毛病之一就是赶时间，匆忙布置任务，匆忙开始，唯恐时间不够用。而谷老师却在这里顿了一顿，重复了一次，这样的重复有必要吗？答案是肯定的。课堂上，有经验的教师会重点强调三类语言：指令性语言、点拨性语言、总结性语言。其中指令性语言就是教师提出的具体要求，须清楚、明白。并且，老师在提出指令性语言时，要尽可能重复，要一边重复一边观察学生，看看他们是否听明白了，一定要让学生明白下一步他们应该怎么做。而没有经验的老师，往往仓促地表达，不管学生明白不明白，就进入下一个环节，但具体要做什么，学生却不得而知。谷老师重复指令性语言，有效地避免了课堂的仓促，让课堂从容地展开。

教学片段

（课堂继续，老师开始读课文。）

黄昏时分，马车抵达这座百里外的小镇。

师：你了解到怎样的信息？
生：这所小镇离他住的地方很远。
师：是啊，百里远呢，你听得真清。

"要在这里住一夜了。"父亲看着儿子，拍了拍"栗子皮"浓密的鬃毛。

师：谁从这句话中了解到"栗子皮"是什么？（师重复："拍了拍'栗子皮'浓密的鬃毛"，并重读"浓密""鬃毛"）
生：马。
师：你真会听，大家也都听出来了吧？从"浓密的鬃毛"，就可以初步推断出"栗子皮"是一匹马，再想想第一段有一句"马车抵达"，他们是赶马车来的，前后结合，就肯定地推断出"栗子皮"是一匹马。

妻子病故，除了十二岁的儿子，这匹马是他生命中的一份儿珍宝。

师：从这句话里，你了解到有关这个家庭的什么信息？
生：他的妻子快死的时候。
师：快死的时候？（其他学生举手发言。但老师没有让这位学生坐下，而是接着说）不要紧孩子，慢慢说出你的理解。
生：他家有点儿穷。
师：哦，你从"这匹马是他生命中的一份儿珍宝"听出了他家里有点儿穷。你先坐下孩子，听听其他孩子了解到了什么。

生： 我了解到他很喜欢这匹马。

师： 哦，你从"珍宝"一词了解到他喜欢这匹马，还有谁了解到什么？这个家庭是个怎么样的家庭呢？

生： 他有个12岁的儿子。

师： 他妻子呢？妻子病故，什么是病故，知道吗？

（生无人作答。）

师： 故，就是故去的意思，就是说，孩子的母亲还在不在呢？

生：（齐）不在了。

师： 对，不在了就叫"故去"。

师： 他们到这儿干什么呢？你有疑问吗？我们接着听。

"行。"儿子从车上抱下铺盖卷儿。今天乡村学校也放暑假了。他跟父亲出门拉脚儿，锻炼锻炼。

师： 过去有一种体力活，就是用马车替人家拉东西，拉到很远的地方，人家给一定的报酬，这种体力活叫"拉脚"。大家一起说一遍，这个词语叫——

生：（齐）拉脚。

师： 听到这里，你学到一个词语——"拉脚"。从这句话里，你还得到什么信息？孩子上学没有？但今天他怎么没有上学呢？哦，今天他放假了。

师： 仔细倾听，一会儿老师不问问题，看哪个孩子能自己主动站起来提出问题。

教学片段赏析

原来，听读课是凭借"听"这种途径来接触文本、感知文本、走进文本的课型。学生没有纸质文本，不能反复阅读，只能凭借一双耳朵，因为声音的传递是瞬时的，所以，学生们只有认真倾听，怪不得一上课谷老师就再三强调"倾听"的重要性呢。

阅读是一种美好的享受，因为我们的好奇心可以在故事的铺陈中得到满足。"听读"也是一种美好的感受吗？在这几分钟内，我就用自己的切身体验感受到了听读的美好。在这个过程中,老师掌控着故事进展的速度,当抵达某个关键点时,老师有意停下来,不急着往下赶进程。这样的顿一顿,就给出了学生思考和想象的时间,学生有足够的时间进行回味和想象。这时,学生会把前后环节联系在一起,对故事有一个准确的把握和定位。这样,无形中学生的思维就得到了锻炼,思维会严密、合理起来。例如,当老师问"'栗子皮'是什么"时,老师重复了关键信息"拍了拍'栗子皮'浓密的鬃毛"。当学生回答出"马"后,老师又分析了学生这样推断的初步原因:"浓密的鬃毛";然后强调上下关联处:"马车抵达"。有了这两个信息,就可以"肯定地推断""栗子皮"是一匹马。有这样的上下联系,学生的思维能力肯定能得到锻炼。

在这一环节中,美中不足的是对"故去"一词的处理方式。谷老师已经敏锐地抓住了这个词语,并让学生了解了这个词语,在这个时候老师可再多一次板书,多一句提示:孩子们,今后当你形容你非常敬重的人离世的时候,就可以用这个词语"故去"。让学生借机积累"故去"这一词语,词语教学无处不在,无心之处皆可有为。有这些点滴的积累,孩子们的能力会一点一点提高。

教学片段

(课堂继续,老师继续读课文。)

"拿些料喂喂它。"父亲吩咐。儿子拖下条麻袋。里面沙沙作响——

师:听到这里,你有什么疑问?
生:麻袋里面有什么?
师:是啊,沙沙作响的是什么呢?

里面沙沙作响,是寸步不离的麦糠。就在他向外掏麦糠的时候,一只大刺猬滚了出来,扎疼了他的小手。

师:掏出麦糠要喂马,却掏出来一只刺猬,这是怎么回事呢?你觉得这个故事该怎样发展下去?你希望故事怎么样?你来说。
生:不知道。

师：不知道？你想不想知道啊？

生：想知道。

师：好，想知道我们就听听其他同学的想法，好吗？谁来说说？

生：麻袋里有刺猬，就只给马吃了一点麦糠，其余的都让刺猬吃了。

师：你很有爱心啊，只是刺猬不吃麦糠。（生善意地笑）看起来，大家肯定都觉得，下文的故事肯定很精彩。那好，我们往下读，看到底是怎么精彩呢？

"哎哟！爸爸你看——"

"什么啊？"父亲走过来，发现地上花白的刺猬，"哎，怎么连它也带来了？"家中有堆麦糠，里面住着一窝刺猬：母刺猬和它的三只才出生的小刺猬。一定是装麦糠时没注意，将它装了来。

师：哦，原来是家里的刺猬，猜猜，现在带来的是哪只刺猬？

生：（齐）母刺猬。

师：对，就是那只母刺猬。

"怎么办啊？"儿子停下手。

能怎么办呢？父亲摇摇头："不好，家里还有三只小刺猬哩。一天了，那么小。"

师：这里补充一个知识：刺猬是哺乳动物，小刺猬要吃母刺猬的奶。了解了这个细节，你觉得接下来他们会怎么做？

生：他们会不会马上返回去？

生：他们应该马上把母刺猬放走。

生：让小刺猬自己找吃的吧。

师：小刺猬会不会自己找吃的呢？把母刺猬放走，母刺猬能自己回去吗？他们会不会马上返回呢？刚才所有的回答都表明了一点：你们是有爱心的孩子，为你们的爱心鼓掌。看得出来，现在大家的眼睛里都充满了期待。接下来会怎么样呢？

"我们要明天才能回去。"儿子脸朝西转，叹了口气。

"最快也要这个时候到家。"父亲扫视夕阳。

"它们会饿死吧？"

"一天一夜。很有可能，也不一定。先把它装进去，明天咱早点回家。"

师： 对父子两个人，你有什么评价？
生： 很聪明。
生： 很有爱心。
生： 很担心小刺猬。
师： 大家要表达的意思是，他们两个是有爱心的人，老师也同意你们的看法。

父亲坐着，一口接一口唑唑地吸烟，吸得满腹苦香。妻子临走，抓住他的手说："你要照看好孩子。"这还用说吗？我的儿子！可他当时什么也没说出，只一个劲儿地掉泪。现在想想，多遗憾。"放心吧！我，你还不放心吗？"他时常这样自言自语，似面对暗中的她。让儿子跟着出来，并不是叫他干活，主要是怕孤单、省牵挂。看到儿子，他就浑身是劲，仿佛看到了美丽的妻子。

师： 对这个男人，你怎么评价？
生： 这个男人很爱他的妻子和孩子。
师： 对，他很爱家。

儿子也没睡着。他仰卧席上，盯着父亲的背出神。母亲去世后，父亲胡子长了，话少了，但对他却温柔百倍，有时"柔"得让他不习惯，受不了。

师： 这是个什么样的儿子？
生： 诚实的。
师： 诚实的？没有找到合适的词语吧，孩子？你看，他发现父亲的胡子长了，话少了，这说明——
生： 他很爱父亲。
师： 是啊，他很爱他父亲，所以他才观察到父亲的变化，可以说，他因爱而细心。

"多好的爸爸啊！这么累，这么疼我。我要听话，多帮他干活。"他默默地想，跟父亲出门，是他乐意的。一来能帮父亲，二来呢，他觉得父亲在哪里——（此句没读完就拖长声音停下来，叫起一个学生）

生：家就在哪里。
师：对，他说的跟原文的句子一模一样。

　　父亲在哪里，家就在哪里。"你饿了吗？"父亲问。
　　"不饿，你呢？"
　　"我也不饿。"
　　"那就睡觉吧，翻山越岭跑了一天，挺累，睡吧，明天还得早起。"疲倦如同烈性白干，使他们沉睡了过去。
　　第二天清晨醒来——

师：会发生什么事情呢？
生：赶着马车回家。
生：傍晚的时候，老刺猬因为担心刚出生的小刺猬，所以已经跑回去了。

　　儿子想起麻袋里的刺猬，打开一看，刺猬没了。

　　（读到这里，很清晰地听到学生倒吸了一口气。）

师：大家为什么倒吸一口气呢？
生：很惊讶。
师：是啊，确实很惊讶，猜猜，刺猬到哪里去了？
生：回家喂它的孩子去了。

　　"刺猬呢？爸爸，刺猬呢？"
　　"跑了吗？找找。"
　　车上车下没有，四下里找找还是没有。"跑哪儿去了？这个家伙。"父亲不打算再找了，"耽误事儿吧？你看！小刺猬是白搭了。"
　　"胡乱跑！"儿子有些愤恨，对那只刺猬骂。停了一会儿，他问"小刺猬好喂吧？"

"问那个干什么？也可能没事儿。"

儿子点点头，怀着一腔惋惜，不再说话。黄昏时分马车终于返回小村。儿子跳下车……

师：他要去干什么？
生：去看小刺猬。
师：对，因为他很担心小刺猬。

儿子跳下车，跑去看那三只小刺猬。
"爸爸！"儿子惊叫道。

师：惊叫什么？
生：小刺猬没有死。
生：母刺猬在家。
生：母刺猬在喂小刺猬。

"大刺猬回来了！"
"是吗？"父亲慢慢走近，"哪儿呢？真是它吗？"
"是！是它。"
"像！"父亲伸手捧起刺猬，"咦？它怎么回来的？百十里山路啊！了得！"

师：百十里山路啊，大刺猬是怎么回来的，你能想象到路上的场景吗？
生：是跑回来的。
师：怎么跑回来的呢？现在小组交流交流。
　　小组交流后，小组代表回答，有的说是爬回来的，有的说是滚回来的。
师：无论是爬回去，还是滚回去，母刺猬都不容易，身上已经伤痕累累的了。

"血！爸爸你看它肚子上有血。"
"对，它是爬回来的，磨破了。也不知道回来多久了。百十里地，翻山越岭，连滚带爬啊！这家伙真厉害。"
"它怎么认得路呢？这么远，还在麻袋里。"

"就是呀，怎么认路呢？奇怪，就是人，也没这种好记性。它牵挂着几个孩子——小刺猬啊。想它们，想着想着，就回来了。"父亲边寻思边解释。

"再远它也能认得路吗？"

"嗯。当娘的就这样，真不孬。"父亲只顾感叹，没留意儿子俊秀的双眼——

师：儿子的双眼会怎样呢？
生：泪流满面了。
师：双眼能泪流满面吗？
生：泪汪汪的了。

父亲只顾感叹，没留意儿子俊秀的双眼已波光粼粼。

师：读到这个地方，你想说句什么？儿子在想什么，想到了什么？
生：想到了自己的妈妈。
师：是啊，也许他想到了妈妈在家时家里的温暖，也许他想到了妈妈疼爱他时的一个场景，从这里，你又怎么评价母爱呢？请拿出老师课前发给你们的作文纸，用一句或者两句话写出你心中的母爱，书写的时候，不会写的字，用拼音代替。
（生写，交流。）
生：母爱是最伟大的，也是最温暖的爱。
生：母爱是世界上最宝贵的，是最坚不可摧的。
生：母爱是伟大的，没有母爱，世界就不会这么美好。
生：母爱是什么也阻挡不了的。
生：母爱的力量是无穷的，每个孩子都爱他的母亲。
师：是啊，正因为每个母亲都爱他的孩子，所以，每个孩子都爱他的母亲。读了这篇课文，用两个字来形容你的心情，你用哪两个字来形容？
生：（齐）感动。
师：是的，感动，无论是对母刺猬，还是对这一对父子。听读最后解决的问题是？

生：（齐）给文章加题目。

师：那我们就给文章加个题目吧。

生：爱行旅程。

生：带有母爱的刺猬。

生：刺猬的母爱。

生：勇敢的刺猬。

生：爱的故事。

师：这个题目不错，因为这个故事不仅仅有刺猬的爱，还有父亲对儿子的爱。这篇文章的题目是"爱的旅程"。（边说边板书）

师：请大家深情地朗读题目。想不想知道作者？作者是晨义，谢谢这位晨义，给我们带来这么美的文章，祝愿所有同学的人生充满爱，祝愿我们每一位的人生都是爱的旅程。好，这节课就到这里，下课。

教学片段赏析

如果说，课堂的前半节我们关注的还是学生的思维能力得到了训练的话，那么后半节课，我们关注更多的是学生想象力的展开以及情感体验。

这就是听读课，处处是悬念，处处是未知，正因这些悬念和未知在吸引着学生的好奇心，所以，学生才能积极主动地参与到故事中来，发挥想象力，给故事种种不同的走向。例如，"第二天清晨醒来"会发生什么事呢？不同的孩子就有不同的回答；到家后，当儿子去看小刺猬时，他又在惊叫什么呢？孩子们也会给出多种答案；母刺猬是怎么回来的呢？爬回来的？滚回来的？连滚带爬回来的？……这些问题，给了学生无尽的想象空间，学生足以调动自己的经验和情感储备，给文章不同的走向。文以载道，每篇故事的背后都有着独特的情感，在听读的过程中，在参与的过程中，学生又经受了一次情感上的巅峰体验。例如这是个什么样的爸爸、这是个什么样的儿子、儿子想到了什么等等问题，都能在情感上感染学生，故事中的孩子从母刺猬那里想到了自己的母亲，那么，坐在教室里的孩子，也应该会有更为广泛的感受吧？

原来，听读课既有思维训练，又有想象力的训练，还有丰富的情感体验,让学生在听中感悟,在听中提升。

总体赏析

其实,写"课堂重现"的过程,也是一个纠结的过程,我深刻体验到了"文字是罪恶的漏斗"这句话,因为无论我试图用什么样的语言去表述,我都不能准确地恢复谷老师课堂上的温度。尽管在文字上我尽量保持原汁原味,但是,这原汁原味的文字却因缺少了一份情感而少了一份韵味。可是,我也只能留下来这些文字,尽管这些文字已经漏掉了谷老师课堂语言的味道。

可以说,这节课紧紧抓住了学生的好奇心和求知欲,一节课的时间,学生的思维一直在跟着一个线索行进,经历了一次又一次思维训练和情感体验,多方面的能力和情感素养得到了提升。听完这节课,我只有一句话想说:这是一场温和的浸润。

怎样才能有这样温和的浸润呢?这首先得力于教师内在的涵养和修炼。

谷老师内在的涵养和修炼体现在耐心等待上。面对刚刚成立三个月的班级,面对仅仅上过两次听读课的小学三年级的学生,谷老师表现出了极大的耐心和涵养。例如,当老师读到掏出来一只小刺猬,问故事会怎样往下发展时,一个学生说"不知道",面对他的"不知道",谷老师面带微笑地反问他:"不知道?你想不想知道啊?……想知道我们就听听其他同学的想法,好吗?"谷老师允许孩子"不知道",并且又用一个问句了解了学生想不想知道,让陷入僵局的课堂找到了缓冲点。再例如,当谷老师让学生评价"儿子"时,一个学生回答"诚实",而文字里并没有表现出诚实,怎么办?谷老师又从孩子的实际情况出发,再次点拨:"诚实的?没有找到合适的词语吧,孩子?你看,他发现父亲的胡子长了,话少了,这说明……"在老师的提醒下,孩子又一次回答,"他很爱父亲",老师相机点拨:"是啊……他因爱而细心。"当读到母刺猬不见了时,学生倒吸了一口气,谷老师敏锐地抓住这点,问学生:"大家为什么倒吸一口气呢?"这点点滴滴,都是课堂上的智慧,这些智慧,不仅是技巧,更是老师的一个课堂理念:课堂是学生的,课堂上要留有期待,要从学生现有的水平出发。

谷老师内在的涵养体现在她舒缓而平和的语气和语调上。上课伊始,谷老师就用她略为缓慢而平和的声音做了开场白。这舒缓的声音，让学生快速地安静下来。从心理上说，低缓平和的声音让人感觉舒服，易于被听者接受。从这点上来说，教师应该适当让自己的声音沉着而柔和下来，从而给学生创设一个平和的环境，如此生命才能够自由地舒展，自由地成长。平和，其实蕴含着很多力量。

除了谷老师的自身因素外，听读课这一独特的课型也是这节课成功的一个重要方面。总觉得新娘最美的时刻是揭开盖头的那一刹那。那一刻，所有的期盼、所有的想象、所有的猜测、所有的悬念都汇集成眼前这个具体的人儿。课堂也是这样。正因有悬念，正因有了期盼，课堂才有了吸引力。这节课上，所有的时间都是在悬念中行走，学生一直在悬念中穿行：从故事开头人物的出场，到故事高潮刺猬的命运，以及到故事结尾情感的抒发，这一切，都对学生有着极大的吸引力。即使故事结束了，但仍然有悬念：故事的题目呢？故事的作者呢？整节课都在悬念中缓慢展开，吊足了学生的胃口，让学生欲罢不能。正因悬念，课堂上学生的思维才被激荡起来；正因悬念，学生想象的翅膀才得以张开；正因悬念，学生的情感才逐渐丰富起来。这样的课堂，相信所有学生的大脑都一直在高速运转，所有的学生也一定会在思考中茁壮成长。

但是，正如没有完美的人一样，也没有完美的课堂。

根据选文的内容，我觉得这节课对学生质疑精神的培养稍有欠缺。例如，针对"刺猬从百十里之外差不多一天一夜回到家里"这一细节，教师就可以做做文章，可以试着启发学生：从能力上来说，刺猬有这种能力吗？从百十里之外差不多一天一夜回到家，需要两方面的能力：一是记忆功能，二是行走功能。按照常理，装在麻袋里的刺猬没有识路的能力，那它是怎么回来的？即使识路，它的爬行速度是多少？一天一夜能赶回来吗？学生对这些问题有所质疑应该是很正常的，但是课堂上，没有一个孩子这样问，当他们听到刺猬从百十里之外赶回来时，他们只有一种感慨：母爱伟大。这种思维其实是一种极其固化的思维，是一种崇尚书本的思维。面对刺猬从百十里之外差不多一天一夜回到家这一细节而没有一点质疑，这一点确实令人害怕。告诉孩子，尽信书不如无书，孩子们应该有质疑精神。

另外，在课堂组织形式上，谷老师进行了两次合作交流，但从结果上来说，合作交流的效果并不好。合作交流是新课程标准倡导的三种学习方式中的一种，但是，我们还是要慎用。如果要用，也应该考虑合作交流的必要性和科学性。也就是说，首先要考虑这个问题有没有合作交流的必要性。例如，对于刺猬是怎么跑回来的这一问题，难度就较小，只能体现孩子们不同的思维方向而已，所以，就没有交流的必要。新课程的新，不是通过形式展示出来的，而是通过教师理念的转变体现出来的。

瑕不掩瑜，我们非常感谢谷老师给我们展示的这节课，给了参加观摩课堂的同行者那么多的启发和思考。

课堂因真实而精彩
——听程翔老师的课有感

听了特级教师程翔的一节公开课，为他课堂的真实而喝彩。

这是一节文言文新授课，讲的是王安石的《伤仲永》。课堂上，程翔老师安排了这样几个环节："初读课文—自主学习—合作交流—质疑释疑—翻译课文—提炼主旨"。在这几个环节中，教师只是课堂的组织者、引导者、启发者、激励者、解惑者。

在自主学习、合作交流、质疑释疑之后，课堂稳妥地进入翻译环节。此时课堂已近尾声，一般情况下，教师要在此时设置一个展示环节：展示学生的学习成果，同时也是展示教师的教学水平。为达到这个目的，教师一般会挑选成绩较好的学生站起来翻译，借以展示前一阶段的学习是高效的，教师的组织引导是得法的，整节课是成功的。

但程翔老师没有这样做，不仅没有，他甚至还有点跟自己"过不去"。他叫起一个学生，这个学生翻译得很流畅，听课的老师都在颔首称赞。而程翔老师却走到他身边，看了看他的书，打断了他的翻译，对他说："你先坐下吧，你翻译得太流畅了。"太流畅了也是缺点？这不正好可以印证前面的环节是成功的吗？这不正是授课老师求之不得的吗？不，程翔老师不这样认为，他说："你的流畅来源于你书上密密麻麻的笔记，这笔记是课前从翻译书上抄下的，对吧？这样读固然流畅，但反映不出来你真实的学习情况啊。"

那个孩子的表情我没有看到，但我看到了程翔老师课堂的表情——真实。这一刻，我猛然想起一个故事：一个外国教育专家观摩中国小学课堂，课堂上，老师讲得很精彩，学生的回答更是一个比一个精彩。下课后，大家都在赞叹，认为这样的课肯定能赢得外国专家的首肯。但谁知，评课时，外国专家却耸耸肩膀说："既然学生都会，这节课还有上的必要吗？"

课堂是学生学习的过程，理所当然是暴露问题、改进问题的过程，只有真实地、完全地暴露，老师才能适时进行点拨，这个过程尽管艰难，但正因其艰难，学生才能有所提高，才能从不懂走向懂，从不会走向会。学习，一定要让学生抛开资料，用思考去咀嚼一个个文字，让一个个文字在咀嚼中鲜活起来。如果仅限于把参考资料上的翻译抄写在书上，那只能掩盖学生理解的真实状况，这样做导致的结果是课堂的虚假化和肤浅化。

为程翔老师喝彩，不仅为他的教学技术，更为他课堂的真实。真实，是课堂的生命；课堂，因为真实而精彩。

教师应重"道"而非"术"
——听代昆鹏执教《满庭芳》有感

在"河南省最具影响力教师"颁奖盛典上，代昆鹏老师作为获奖教师执教了一节公开课。发下课表，知道代老师要讲苏轼的《满庭芳》，内心充满期待，一直在思忖：这个个头不算高大、看起来性格还颇为温柔的男人会如何引领学生品味出入儒、释、道三家的苏东坡呢？

课堂在代老师富有磁性的声音中开始了："宋词中有景——晓风残月杨柳岸，满眼风光北固楼；宋词中有情——'衣带渐宽终不悔'的痴情，'十年生死两茫茫'的悲情；宋词中有人——倚门回首的娇羞少女，浅斟低唱的才子词人；……"之后，代老师带领学生赏析"皓月"和"美酒"的意象，辨析"皓月"与"残月""缺月"的区别，赏析"美酒"与"浊酒""淡酒"的不同。赏析完意象，又通过辨析"虚名""微利""闲身""三万六千场""忧愁风雨""幸对""美酒"等词句，探究了作者的情感历程：从讽世到愤世，从自叹到自适。

把握了意象，探究了情感，代老师才揭开了作者的面纱——词作者是苏轼，紧接着交代了苏轼写这首词的背景，以及历代文人——南宋刘辰翁、清代陈廷焯、国学大师王国维等，对苏轼的评价，其中，也包括代老师自己为苏轼写下的一首赞歌。最后，代老师得出了苏轼的"变"与"不变"：他的地位、处境改变了，但他辅君治国、经世致用的抱负未变，怜恤生灵、为民造福的思想未变，襟怀坦荡、独立不阿的品节未变，乐观豁达、超旷洒脱的心性未变……

课堂的后半节，代老师运用他渊博的学识，将课堂变成了一首浩气逼人的诗，一曲跌宕起伏的歌，一段开启智慧、启迪思维的即兴演讲……

但评课环节，问题出现了：有人说教师有厚度、有激情，这是节好课；有人说，教师有激情，学生却启而不发，教师应该反思……一时间，这节课成为大家争论的焦点。

赞成这节课是好课的，是看到了教师的才气；不赞成这节课是好课的，是看到了学生的表现确实不太积极，课堂气氛有些沉闷。对于课堂上呈现出的这种现象，我们先不要急着下结论，还是先进行一下分析吧。

对于学生来说，这节课与常态课有着太多的不同。首先从内容上来说，这首词来源于课外，学生没有深入接触过，甚至可能有的学生连见也没有见过，这跟平时做了充分预习的课堂内容肯定是不同的。其次从教学空间上来说，平时的教学空间是封闭的，只有熟悉的同学和老师，而这次是在七百人的大会议室，并且还要坐在高高的舞台上，成为七百双眼睛的聚焦点，课堂的封闭性被打破，这对于十六七岁、敏感而自尊的孩子来说，确实是个很大的挑战。再次，这次讲课的是一个完全陌生的老师，而且是个激情澎湃的男老师；更重要的是，课堂的容量可能也发生了变化，学生以前也许没有接受过这么大的信息量，而这次，这位激情澎湃的男教师却给他们带来了这么多……所有的这一切，势必会形成一种强烈的冲击，短短的40分钟内，让学生适应新教师，适应新的授课方式，适应新的思维方式，并且在众目睽睽之下大声地说、尽情地读，这些，可能真的有点难为这群十六七岁的孩子了。这样说来，学生稍显被动也在情理之中。

回到教师的角度上来。语文教师的作用是什么？语文教师的作用是浸润，用自己的语言营造一个场，用场内所有的细节浸润孩子的每一个细胞；语文老师的作用是唤醒，唤醒孩子渴望被文字滋润的心灵……总而言之，一个语文教师要想充分发挥自己的作用，依靠的绝对不是技巧，而是丰厚的底蕴。苏霍姆林斯基曾说过："只有当教师的知识视野比学校教学大纲宽广得无可比拟的时候，教师才能成为教育过程的真正的能手、艺术家和诗人。"[1]林语堂也说过："在牛津，剑桥，那些老师怎么去教学生，他们把学生叫来，一边抽着烟斗，一边天南海北地聊，学生被他们的烟和谈

---

[1] 苏霍姆林斯基.给教师的建议[M].杜殿坤，编译.北京：教育科学出版社，1984：412—413.

话熏着，就这样熏陶出来的。"① 这两句话，都强调了教师底蕴的重要性，教师有了一定的高度和厚度，即使抽着烟谈话，也能"熏出"优秀的学生。

不由得想到钱梦龙先生执教《岳阳楼记》的过程。那节课上，钱老师出示了这样的资料：范仲淹二岁而孤，家贫无依。而少有大志，以天下为己任。发奋苦读，惫甚，辄以凉水沃面；食不给，啜粥而读，人不堪其忧，仲淹不改其乐也……常自诵曰："士当先天下之忧而忧，后天下之乐而乐也。"②

补充完这些资料，老师可继续引领："人不堪其忧，仲淹不改其乐也"化用了《论语》中"贤哉！回也。一箪食，一瓢饮，在陋巷。人不堪其忧，回也不改其乐。贤哉！回也。"这是儒家的解释。除此之外，老师还可提到《孟子》中"忧乐"的辩证关系："乐民之乐者，民亦乐其乐；忧民之忧者，民亦忧其忧。乐以天下，忧以天下，然而不王者，未之有也。"③

有了上面这段阐释，学生就可深切地领悟到范仲淹终其一生都在忠实地追寻和践行的精神境界，对范仲淹就有了一个较为全面、立体的了解，而并非仅仅死记硬背住了"先天下之忧而忧，后天下之乐而乐"这一千古名句。

《教学勇气》的作者帕尔默曾经提到过这样一位导师："给我印象最深的是这样一个导师，他似乎打破了优秀教学的每一条'规则'，他讲课是那样富有激情，讲很多内容，以至于不给学生留一点提问和评论的时间。他博学多才，很少听学生们的想法，不是他看不起学生，而是因为他那样热衷于以他所知的唯一一种方式教学生——分享他的知识和热情。他的课基本上是独角戏，而他的学生只有扮演听众的份儿。这听起来像是教学噩梦，但那时我搞不清是由于什么原因，我被他的教学强烈地吸引了——真的，他改变了我的一生……我所在乎的是他慷慨地把他的精神生活向我敞

---

① 林格.教育是没有用的［M］.北京：北京大学出版社，2009：95—96.
② 钱梦龙，梁浩军.钱梦龙之《岳阳楼记》教学设计［J］.中学语文教学参考：初中版，2012（6）.
③ 梁浩军.语文生态阅读教学：让生命完全地绽放［J］.语文教学通讯，2013（5）：24—26.

开，是他充分表达思想的天分。"①

尽管我们不能以偏概全，尽管帕克·帕尔默提到的也许只是一个特例，但我们的课堂难道不需要这样博学多才的老师来引领？听着代老师的课，我只有一个疑问：代老师班级里的学生，唇齿之间流淌的应该都是诗词的芳香吧？因为在这样的老师的引领下，那些青春年少的少男少女们，该会多么狂热地热爱上文学啊！因为代老师重的是"道"而非"术"！

---

① 帕克·帕尔默.教学勇气[M].沈桂芳，等译.上海：华东师范大学出版社，2005：22—23.

守护语文教学的"根"
——听《阿长与〈山海经〉》一课有感

听一位老教师的随堂课,我产生了一种强烈的感受:这位老教师在用他一生的积淀守护语文教学的"根"。

老教师 50 多岁,说话慢慢吞吞的。初看到他,我莫名地想到了寿镜吾老先生,总觉得这个 50 多岁的老教师和 15 岁的学生中间,会隔着千山万水,任学生和他都迈开双腿,也难以跨进彼此的世界。一上课,我却大吃一惊。原来,一切和我想象的都不一样。

那天,他讲的是《阿长与〈山海经〉》。他一开口,学生就安静下来,他讲课的语调并不慷慨激昂,而是稳扎稳打的,语速不疾不徐,似乎一字字、一句句都能沉淀进学生的五脏六腑,那一瞬间,我感受到了这位老教师的气场。那节课上,听他缓缓地讲述江南春节吃福橘的风俗,听他缓缓地把"谋死我那隐鼠的却是她"这句话丰富成《狗,猫,鼠》的故事……在他貌似漫不经心的谈话声中,这位 50 多岁的教师和 15 岁的少年之前的情感通道,完全被知识的积淀打通了。

苏霍姆林斯基曾说:"教师所知道的东西,就应该比他在课堂上要讲的东西多 10 倍,多 20 倍。"[1] "只有当教师的知识视野比学校教学大纲宽广得无可比拟的时候,教师才能成为教育过程的真正的能手、艺术家和诗人。"[2] 守护语文的"根",首要的就是教师有丰厚的功底。有了丰厚的文学功底、文学积淀,即使没有先进的教学方法,也可以在三言两语的闲谈中感染学生,熏陶学生。

---

[1] 苏霍姆林斯基.给教师的建议[M].杜殿坤,编译.北京:教育科学出版社,1984:222.
[2] 同上:412—413.

沉下心来，继续听老师带领学生品析句子：

在"阿妈，恭喜……"和"恭喜恭喜！大家恭喜！"中，为什么"我"说的"恭喜"后面用的是省略号，而阿长说的"恭喜"后面全是叹号？

把"连阿长也来问《山海经》是怎么回事"中的"连"和"也"去掉，变成"阿长来问《山海经》是怎么回事"，可以吗？

……

就这样，在老师的引领下，学生进入文本的字里行间，从标点中发掘作者潜在的情感，从字词中揭示文章的密码。

有人称语文教学为"言语教学"，培养训练学生良好的语感是语文教学的重要任务，辨词析句、文本解读是语文教师的看家本领。那天，这位老师的解读就像施了魔法，让那些无声无息无味的文字流淌出生命的汁液。

那节课的生字词，老师没有做集中处理，而是运用"随文识字法"，随着阅读来解决生字。这种方法"字不离词，词不离句"，更便于识记和理解。当讲到"执干戚而舞"时，老师问："戚前面的字读什么呢？"一般情况下，听到老师发问，班内会响起此起彼伏的声音，有的说读平声，有的说去声，最后老师判决："同学们，这个字有两个读音，在这里应该读平声，请把它记在书上。"但那节课上，学生没有急着发出猜测的声音，而是快速拿出字典查阅起来。那一刻，我又吃了一惊，他们还保留着查字典的习惯？

是的，我很吃惊，似乎很久没见过学生在课堂上集体查字典了。不由得回想起自己读中学的时候，那时候，语文老师不仅让学生"查"字典，甚至还会布置"抄"字典的作业，我们这群阅读资源极其贫乏的孩子，就是在查字典、抄字典的过程中长大的，我们的灵魂似乎就是被字典滋润的。有了这一过程，我积累了很多雅字雅词，积累了很多成语典故，渐悟到了汉字造字的方法和规律。可以说，是字典拓宽了我们的视野，丰盈了我们的灵魂，引领我们的目光和思维一直向纵深处追溯。工作后，我也曾坚持让学生背字典、抄字典，这一教学方法也曾得到家长的认可，有家长曾建议带领孩子抄写现代汉语词典。但现在，学生的书包太沉了，学生的负担太重了，学生的试卷太多了，这几乎挤占了他们所有思考的时间，于是，他们失去了查字典的兴趣，更失去了查字典的时间和必要——生字的读音，老师直接告诉就行了，查字典似乎很费时很低效，谁都不舍得把时间花费在查字典上。于是，字典就慢慢地淡出了我们的视线。

可在那节课上，我又看到了查字典的举动，不由得为这位教师叫好。语文课堂，是培养学生人文素养的主阵地，最主要的就是培养学生的良好习惯。帮助学生养成查字典的习惯，他们的知识积淀会随着岁月丰厚起来，这个习惯会让他们受用终生。

语文教师，不能丢掉语文教学的传统习惯——查字典、诵读等，有了这些习惯，我们才能努力捍卫语文教学的"根"。

那天，那位老教师带领学生一起经历，一起感受，一起探究，一起交流，让学生的灵性得到了自由舒展，他用自己的一言一行诠释了一句话：语文教师，一定要守护语文教学的"根"。

语文课，让范读成为"酵母"

那天，听一位男教师执教《乡愁》一课。这位教师年近五十，普通话也不甚标准，上课伊始，他先让学生自由朗读，之后点名朗读。站起来朗读的学生读得很流畅，但没有诗歌的味道。

遇到这样的情况，教师应当怎么办呢？很多老师多会采用朗读指导法——讲解朗读技巧，让学生标画重音和节奏。但这位老师没有这样做。当感觉学生没有朗读出诗歌的味道时，他没有过多地分析技巧，而是清清喉咙，拿起课本范读起来。他读得很投入，情感很浓厚，重音、停顿、节奏尽在他的朗读中，连他那不甚标准的普通话似乎都是为了恰到好处地表达情感而存在。那一刻，老师的朗读深情汇成了一条小溪，潺潺地流进学生的心田。老师的范读刚一停下来，学生就迫不及待地投入文字中，深情地朗读起来。这一次，学生朗读的声音是带着感情和温度由胸腔发出的，而不仅仅是上下嘴唇触碰的结果。

这样的场景真好！那一刻，我们都在享受，无论是老师的范读，还是学生的模仿读。整个过程，没有支离破碎的讲解，没有填鸭式的灌输，就是通过范读把学生带进了文本中，把学生浸泡在韵律里，让学生自然而然地接受了诗歌的浸润。

看着这一场景，又想到梁实秋先生回忆他中学时代国文老师的话："这一遍朗读可很有意思，他打着江北的官腔，咬牙切齿的大声读一遍，不论是古文或白话，一字不苟的吟咏一番，好像是演员在背台词，他把文字里蕴藏着的意义好像都给宣泄出来了。他念得有腔有调，有板有眼，有情感，有气势，有抑扬顿挫，我们听了之后，好像是已经理会到原文的意义的一半了。"① 不仅仅是梁实秋先生的老师,钱理群先生在南京师范大学附中讲鲁迅时,很多时候也都是他先读一遍,然后叫学生一起读,甚至是"喊",是"叫","叫"得学生热血沸腾。

这是教师的做法,那么,学生呢?学生通过教师的朗读有什么样的收获或对其有怎样的评价呢?有位学生曾经在作文里这样描写语文老师的朗读对她的影响②:

>   他要我们先自习注释,而后略讲几处难句,接着便是范读。只见他稍一酝酿,深呼吸,便沉下脸来朗读。好些同学都抿嘴窃笑,瞧他摇头晃脑,拖腔拉调,这是朗读吗?哦,这也许叫"吟哦"吧!我禁不住也想笑。可他,似乎沉浸在课文意境中,对同学的鬼脸、窃笑视若无睹。有些同学自觉没趣,便也纷纷捧起书来听他读了。渐渐地,他越吟越带感情,越来越凄切,读到刘兰芝告别小姑时,他喉头颤动,已不像前边那般流畅了,听得出,他近乎沙哑、酸涩的声音是理智克制感情的结果。这时,默无声息的教室里,一张张面孔也都露出悲恻的神情。我不断地咬着牙,不让泪水涌出。直到下课铃响,大家心里还是沉重得很,无人哗笑,无人追跑。

>   上他的课,我总为他的感情所左右,他不是演员,但他的情感的微妙变化却似春末夏初变幻莫测的云天。渐渐地,我也养成带感情朗读的习惯,读到好章段,我竟也会旁若无人,忘乎所以。如今,细细琢磨一下他这种独特的教学方法,我深表赞叹,我已深切体会到了他的一句话:"读到有情时,文也通大半。"

但现实中的语文课堂上已经很少听到范读声了。新课改倡导学生是课堂的主体,那么,不是主体的教师理所当然就要少"表现",这"表现"中,就包括范读。我也曾把这种理解奉为"圣旨",课堂上要求自己绝对"禁声",如果需要朗读,也是费尽周折地找录音带,尽管从录音带里发出的声音带着金属的特性——冷冰冰的,绝没有听人当场朗读那段让人感觉

---

① 梁实秋. 雅舍忆旧 [M]. 天津:天津教育出版社,2006:126.
② 张彬福. 怎样成为一名优秀语文教师 [M]. 上海:华东师范大学出版社,2011:22—23.

温暖，但为了不违背新课改的理念，一向喜欢朗读的我也坚决要"禁声"。

但那天，当老师范读的声音响起时，我听到了一种最动听、最有吸引力的声音，它比任何技法指导都更有说服力。听着他的范读，我的喉咙竟然也痒痒的，这时，我才知道，老师的范读已经成了"酵母"，我朗读的愿望被"发酵"了出来。而且不仅是我，同学们也是一样，要不，为什么老师的范读刚刚停下，学生就急不可待地朗读起来了呢？看着学生全神贯注地投入到朗读中，我忽然觉得，这位老师的范读已经唤醒了沉睡的文字，唤醒了学生对语文的情感。

学生是天生的模仿者，每时每刻都满含期待地努力汲取他接触到的所有信息。一个和学生朝夕相处的教师，他的言行理所当然都种植在了学生的心中。听一位老师说过这样一件事：某数学老师是个金庸迷，他在班里定了一项规定，如果头天的作业正确率高，第二天上课前，他会在班内读五分钟的金庸小说作为对学生的奖励。一晃，三年过去了，三年里，他给学生读了好几本金庸的作品。现在，那群已经高中毕业的学生再见到老师，话题总是自觉不自觉地绕到金庸的作品上。这位教师每天只用五分钟的时间，就在学生的生命中种下了对金庸作品的热爱，这是一种多么巨大的力量。

在我们的个人成长经历中，不也有过这样的感受吗？我们不是也刻意模仿过某个老师的笔迹，模仿过某个老师的言行举止，甚或某个老师的穿着打扮吗？很多时候，这些都能成为"酵母"，虽然看起来很小，而一旦发酵起来，力量却是那么大。语文老师，就应让自己的范读成为"酵母"，让朗读和吟诵成为学生打开语文之门的一把金钥匙。

语文教学的重要目的之一，是培养学生阅读理解文章的能力，而朗读则是培养这种能力的重要途径之一，因为朗读对体会和感受文章的形式美、语言美有重要作用，教师动人的朗读是学生走进文本的一把金钥匙。语文课上，老师一定要让自己朗读的声音响起来，让朗读温润每一个文字，恢复文字所特有的情感，从而引领学生爱上朗读，让学生在朗读声中走进文本的深处。

语文课，让范读成为"酵母"。

讲评课要上出实效

我们经常这样评价常规课堂："新授课，满堂灌；复习课，烫剩饭；讲评课，对答案。"这几句话鲜明地道出了三类课型的常见现象。特别是讲评课，很多教师习惯从第一题一直讲到最后一道题，似乎哪道题不讲都是一种遗憾，却又怎么跳也跳不出"对答案"的怪圈。但是，这样的讲评课高效吗？高效的讲评课到底应该怎么上？

那天，我听了这样一节讲评课。

师：[板书二（4）、三（1）、一（5）]请同学们打开试卷，看看这三道题谁没有扣分？

（生打开试卷，只有四个学生陆续举起了手。）

师：这是本次试卷上错误率最高的三道题，这三道题错在哪里呢？我们现在先看第一道……

其实，当老师在黑板上板书"二（4）、三（1）、一（5）"时，我心里充满了疑惑，我很好奇：这几个数字有什么意义？为什么板书这几个数字？我急切地想知道老师要做什么。后来，当老师询问谁没有扣分时，我才知道这是三道题的序号，可老师为什么偏偏板书这三道题的序号呢？当只有几个学生举起手时，我才明白：原来，这是本次考试错误率最高的三道题。

"这三道题错在哪里呢？我们现在先看第一道"，老师一边说，一边开始了讲评。

讲评过程就不说了，我们就只从教师选择的讲评内容和讲评时间来说吧。从内容上来说，教师没有从第一题开始讲起，而是从错误率最高的题开始,这样做高明吗?高明!你想,面对一张刚返回的试卷,学生最急于了解什么?最急于了解错题的原因啊。此时,教师讲评的内容恰恰是错误率最高的题,这样的讲评能不高效吗?

再从讲评时间上来说。刚上课,学生的注意力最集中,求知欲最旺盛,因此学习效率肯定也最高。在学生注意力最集中、学习效率最高的时候,先对其错误进行评析纠正,这时的讲评能不高效吗?

果然,课堂上,学生非常投入。20分钟后,学生对三道题彻底理解了。此时,老师又打开了多媒体,原来,老师还准备了两道相似的试题,让学生再次迁移练习,巩固这类题的做题思路。

迁移练习结束,老师把本次试卷的全部答案通过多媒体展示了出来,让学生对照答案查找自己的不足,如果仍有困惑,可以请同桌帮助,或者请老师单独辅导。这种"自己订正、同桌互助、教师单独辅导"的方法,真正落实了"学生会的不讲,个别不会的不集体讲"的原则,有效解决了试卷中的个性问题。

讲评课到此结束,这节课上,错误率高的题,老师集中讲、重点讲,并且还进行了迁移训练;错误率低的题,学生自己订正、同桌互助或教师单独辅导。这样一来,试卷中的共性问题和个性问题都得到了解决,而常规的、平均用力的、"对答案"的讲评课能做到这些吗?表面上,老师把所有的知识点都串讲了一遍,但如果第二天重新进行一次测试,学生的错误率又能降低多少?

所以,我想说:讲评课,千万别再面面俱到地"对答案"。

第二辑

课堂上的遗憾

◎好课强调学生的经历，带领学生经历由不知到知的过程，由不会到会的过程，让学生的思维和情感经历"山重水复""柳暗花明"后再体验"豁然开朗"的快乐。但课堂也是遗憾的艺术，课堂上，总会有或多或少的遗憾，这些遗憾，在您的课堂上存在吗？

"品读赏析"环节到底该怎么上

翻看教师课前的教学设计,大多都有不同层次的朗读:初读感知、默读理解、研读探究、品读赏析等。这样的教学设计确实能体现以"读"代讲的教学理念,是语文课堂的一大进步。但去课堂听听,就会发现实际情况和课前的教学设计相差甚远,好多环节仅仅成了教学设计上的一个词语而已,课堂教学中是否真正落实了"品读",则要另当别论了。

现在请看《珍珠鸟》(人教版五年级上册)"品读赏析"的教学片段。

教学片段

师:请大家快速从文章中找到表达"我"对小鸟喜爱之情的句子,并加以品读赏析。

(生默读课文,师巡视。)

师:准备好了吗?下面请几位同学把自己品读赏析的句子说出来,和大家分享。

生:(读课文第8段——"起先,这小家伙只在笼子四周活动,随后就在屋里飞来飞去,一会儿落在柜顶上,一会儿神气十足地站在书架上,啄着书背上那些大文豪的名字……")这段话,运用了动作描写,写出了小鸟的可爱。

师:你抓住了动作描写,很好。但是,其中"神气十足"一词,应该是神态描写。除了他抓的动作描写,还有其他要赏析的吗?好,你先请坐,谁还来说?

生:这里作者用了三个"一会儿",我觉得还用了排比修辞。

师：你真棒，找到了排比修辞，好，请坐。还有哪一段呢？

生：（读第14段——"有一天，我伏案写作时，它居然落到我的肩上。我手中的笔不觉停了，生怕惊跑它。待一会儿，扭头看，这小家伙竟趴在我的肩头睡着了，银灰色的眼睑盖住眸子……"）这段话通过肖像描写，写出了小鸟的可爱。

师：运用了肖像描写，写了小鸟的眼睛、爪子，很好，请坐。还有谁要说吗？

生：（读第7段中的一句话——"它好肥，整个身子好像一个蓬松的球儿。"）这句话运用了比喻修辞，把小鸟的身子比喻成一个蓬松的球儿，写出了小鸟的可爱。

师：很好，从修辞的角度来品读赏析了这句话，还有吗？

生：……

（接下来又有好几位同学站起来回答，无外乎从描写方式、修辞手法方面对句子进行一些辨析，老师对此加以肯定。大概十分钟后，此环节结束，转入"研读探究"环节。）

教学片段赏析

这样的教学片段风靡当前的语文课堂，从教学设计的角度看，这一环节符合新课标理念，符合学生的认知规律，无可厚非，但在教学实践中，这样的品读未免有些浅显和粗糙，仅仅辨析了描写方式和修辞手法而已。这样的品读最终只是走了一个形式，其实质仍然是在语句的表面滑行，思维根本没有向纵深处发展。

那么，"品读赏析"环节应该品读什么呢？余映潮老师说："品读要求一个'深'字，解决'深入课文'的问题，解决课文'如何好''为什么美'的问题……文章中凡刚与柔、实与虚、正与侧、疏与密、多与少、深与浅、分与合、美与丑……一切有韵味的地方，无一不在品析的视野之内。"也就是说，品读赏析不仅仅可以品描写方式和修辞手法，还可以品词语，品句式。举个最通俗的例子来说：王安石为什么要说春风又"绿"江南岸，而不用"满""到""吹"呢？这一辨析就需要深入文本中去，而这就是品读。再例如，对于上文所提到的第14段"它居然落到我的肩上。我手中的笔不觉停了,生怕惊跑它。待一会儿,扭头看,这小家伙竟趴在我的肩头睡着了,银灰色的眼睑盖住眸子,小红爪子刚好给胸脯上长长的绒毛盖住"中的"居然""竟""刚好"三个词语,尽管不是什么生动的描写,但是否很有"嚼头"?认真思考一番,是否比辨析一个简单的修辞要有味得多?做教师的,是否应该在这些地方下一番功夫?

　　真正的词语赏析是需要用心去体会,需要调动各种感官去体会的,教师要静下心来,认真揣摩文本。余映潮老师对《木兰诗》中"不闻爷娘唤女声,但闻黄河流水鸣溅溅""不闻爷娘唤女声,但闻燕山胡骑鸣啾啾"这两个诗句进行品读时,就不仅读出了这两句所运用的反复和对比的修辞,还读出了以下内容:唤女声与流水声、嘶叫声,一面是亲情,一面是战情;唤女声与流水声、嘶叫声,一面是思家之情,一面是卫国之情,木兰毅然服从了后者,勇敢地奔赴前方;爷娘唤女的亲切、关怀、熟悉的声音与黄河水声、胡骑鸣叫声的陌生、凄厉、可怕形成鲜明的对比,深刻地反映出了木兰复杂、矛盾的心情;"黄河流水鸣溅溅"写自然环境的严酷,"燕山胡骑鸣啾啾"写战争环境的严峻;"不闻"与"闻"对照鲜明,深刻表现了木兰忠贞报国的精神;两次"不闻"表现了木兰从军的坚定,两次"闻"表现了木兰所经受的历练;两个诗句,写出了木兰离开家乡,走上征途——远征,再远征;两个诗句句式相同,音节相对,反复咏叹,渲染出悲壮的气氛。

　　《都市精灵》中有这样一个句子:"它们高高地在树枝上跳来跳去,飞来飞去,叫来叫去,非常活跃。"这是一个很普通的句子,没有华丽的词语,没有生动形象的比喻或拟人等修辞,那么,这样的句子有品读的必要吗?有,这个句子写出了喜鹊的几种姿势,或跳,或飞,一边跳着或者飞着一边叫着,凸显了喜鹊带来的生机;从用词上说,这里运用了三组叠词,就是这简单的"什么来什么去",又增加了句子来回循环的复沓美,也透着作者的喜爱之情;从结构上讲,前三个句子是后一个句子的原因,后一个句子是前个三句子的结果,正因为"跳来跳去""飞来飞去"和"叫来叫去",才有了总体的感觉"非常活跃";从句式上分析,这里连用三组短句,字数相等,读起来朗朗上口,富有气势,具有音韵美。

　　这样看来,品读绝对不只是找一下描写方面,或者辨识一下修辞的问题,余映潮老师说:"品读是一种'铺展'艺术,是一种对语言文字的再表达的艺术。"朱光潜先生曾说在美学方面要"慢慢走，欣赏啊！"语文教学，是否也应该如此？是的，品读时就应该怀着一种从容的心态，美美地读，慢慢地品，细细地咀嚼，以至于达到王尚文先生所说的境界——"倾听到文本发出的细微的声音"。为了倾听到这细微的声音，我们唯一能做的，就是必须有深厚的品读功力，要花时间、动脑筋去读，要把理解、分析、品评、鉴赏的眼光深入课文的深处，细细地咀嚼、深深地钻研每一篇课文，把词语读厚、读实、读活，从而读出词语的言外之意、弦外之音，发现其深刻奇美之处，能品得细、品得深、品得美、品得奇。做到这些，语文教学中才能深入浅出，进退自如，游刃有余。

语文课，再丰厚一点
——听课《音乐巨人贝多芬》《威尼斯商人》所想到的

听一位教师执教《音乐巨人贝多芬》，课堂上，教师设计了这样几个环节："读注释，了解贝多芬""初读课文，感知内容""精读课文，感知形象""品读课文，感受方法"。从设计来看，以上几个环节由表及里，逐步深入，并且学以致用，读写结合，一节课这样进行，学生应该有很大的收获。

但听完这节课，还是觉得有点欠缺，总感觉贝多芬的形象还比较单薄，还不能真正走进学生的心里。那么，怎么让贝多芬的形象丰富立体起来呢？让我们重新回到课堂上去。

教学片段

师：对于贝多芬，同学们了解哪些？

生：贝多芬是个音乐家。

生：《命运交响曲》是贝多芬的代表作。

师：课下注释是怎么介绍贝多芬的呢？我们齐读一下吧。

生：（齐）贝多芬（1770—1827），德国作曲家。1798年起听觉渐衰，1820年后两耳失聪，但仍然坚持创作。代表作有《田园交响曲》和《命运交响曲》。

师：好，这些文字简练地介绍了贝多芬的情况，要想具体详细地了解贝多芬，我们还需要进一步走进文本，现在，我们就进入第二个环节——"初读课文，感知内容"。

教学片段赏析

在这个环节，老师让学生通过课下注释初步了解了贝多芬，课下注释的文字是一段科学的、严谨的、有条理的词条解释，绝对找不到一点错误。但读着这段文字，我还是有些不感兴趣，我在想：科学、严谨、有条理的内容就是最好、最适合中学生的内容吗？作为成年人的我们，如果读一遍这样平淡的陈述，能留下什么记忆？既然这样，我们能否把这段话变换一下，让它丰富、有趣一点，以便让学生更好地了解贝多芬呢？

仔细阅读书本注释上的内容，除了国别和代表作外，我注意到这几个数字：1770—1827，1798，1820。看着这几个数字，我不自觉地换算起来："1770—1827"，他在世57年；"1798年起听觉渐衰"，也就是28岁时听力开始衰退；"1820年后两耳失聪"，即50岁时两耳失聪。这样一换算，这几个数字就不是干巴巴的、不可感知的数字了，而变成了具体的、可感知的年龄——57岁、28岁和50岁，学生对注释中提到的年份可能没有感觉，但他能感觉到28岁、50岁、57岁的状态，这些岁数是可以感知的。有了这个年龄标志，贝多芬一生艰难的历程一下子就具体、丰富了起来。是啊，我们在课堂上为什么不让学生进行一下换算呢？把干巴巴的年份换成具体的、可感知的年龄，比如可以这样说："同学们，贝多芬是一个伟大的音乐家，但他又是一个不幸的音乐家，为什么这样说呢？对于一个音乐家来说，一双灵敏的耳朵太重要了，但我们看看，他多大年龄时听觉就渐衰了呢？多大年龄时两耳就失聪了呢？"多了这样一个环节，仅仅需要一分钟，但在学生的心目中，贝多芬的形象是否就丰富了起来呢？

教师，一定要避免让学生死记硬背，苏霍姆林斯基先生曾说："把学习仅仅局限于背诵必修的教材是特别有害的——这种做法会使他们养成死记硬背的习惯，变得更加迟钝。"课堂上，加入一些思考，就加入了一些趣味。举个最简单的例子来说，识记词语，不同的老师有不同的处理方法，有的老师让学生查阅字典，然后进行背诵；有的老师创设情境，让学生在理解时记忆。于永正老师在执教《我的伯父鲁迅先生》时对"饱经风霜"一词的处理堪称经典，他没有让学生读字典上的解释，而是调动学生的思维，让学生闭上眼睛想一想"饱经风霜"的脸是什么样子的，不用

"饱经风霜"一词怎样描写出"饱经风霜"的脸。有了诸多思考，孩子的思维被激活，他们从车夫额头上的皱纹、干裂的嘴唇、深陷的眼眶、高高凸起的颧骨、蜡黄的脸色、和实际不相符的年龄、乱得像稻草的头发等方面描述了他们心目中"饱经风霜"的表现。有了这样的深入思考，"饱经风霜"的形象、情味和意蕴肯定镌刻在了孩子的脑海里，这样还需要再去死记硬背吗？

当然，对贝多芬的直接介绍环节仅仅是对贝多芬的一个初步了解，重点了解贝多芬还需进入"精读课文，感知形象"环节。在此环节，老师带领学生通过贝多芬的外貌描写感知了贝多芬的形象：独立骄傲、沉郁坚强、严肃善良、热爱自然、追求自由、献身音乐等。在这样的概括之后，老师宕开一笔，进入下一个环节"品读课文，感受方法"，让学生读写结合、学以致用。幻灯片上出示了这样的语言："成功的外貌描写，往往能抓住最能反映人物特征的方面进行来重笔刻画，做到以形传神，那么，现在请大家运用外貌描写的方法描写班内某位同学，谁的描写对象能让同学们猜出来，谁的描写就是最传神、最成功的。"

读写结合当然是学习语文的一种途径。但对于这节课来说，我还是感觉早了点，学生距离贝多芬仍然有点远。对于贝多芬来说，能表现他的性格的不仅仅是外貌描写，还有更多的个性语言和动作。

我有一个固执的看法，总觉得相对于外貌来说，一个人的言行举止更能彰显出他的个性。这篇课文中，贝多芬的外貌彰显出他沉郁坚强、独立高傲的性格，但是，他的语言呢？他的语言不更充满个性吗？例如，当客人小心翼翼地递过去字条时，贝多芬戴上眼镜，专注地凝视了一会儿，说："好，你们竟敢到兽穴里来抓老狮子的毛。"当贝多芬看到客人在纸上说想把他的消息告诉万千大众时，他的一大滴泪在闪光，他喃喃地如同独语："……在这里我孤零零地坐着，写我的音符——我将永远听不见音乐，但是在我心里发出的回响，比任何乐器上演奏的都美……一个音乐家最大的悲剧是丧失了听觉。""一个人到田野里去，有时候我想，一株树总比一个人好……"这些语言，是否比外貌更深一层地凸显了贝多芬沉郁而坚强的性格？如果多点语言品析，是否贝多芬的形象就更加丰富了起来呢？

由表及里地认识了贝多芬之后，我还有一个设想：让学生听听贝多芬的音乐。是啊，既然贝多芬是音乐巨人，不让学生听听他创作的乐曲是不是一份遗憾呢？贝多芬的音乐会以怎样的方式叩击我们的心扉呢？课堂上，放一段贝多芬的交响乐，让学生通过音乐了解贝多芬，这不也是一个很自然的渠道吗？音乐，应该是走进贝多芬的不可或缺的一部分啊！除了音乐，还应该向学生推荐课外阅读《贝多芬传》，让学生真正了解贝多芬一生的贫苦、多难、残废和孤独，了解当社会一次又一次遗弃他时，他仍然坚持创作，对一切都无所顾虑。他受到了世人瞩目，但接踵而来的却是最悲惨的时期：经济困窘，亲朋好友一个个死亡或离散，耳朵也已全聋，和人们的交流只能在纸上进行。生活苦难，未能使贝多芬屈服，贝多芬并没有放弃他的音乐，他在晚年双耳听不见任何声音的情况下，仍然创作出不朽的作品，用自己的痛苦铸成了欢乐。

如果有了以上教学内容，冰冷的文字是否温暖了些？单薄的文字是否丰厚了些？字里行间的贝多芬是否能够立体起来？学生是否更能理解"世界不给他欢乐，他却创造了欢乐来给予这个世界"这句评价？让纸上的人站起来，让冰冷的文字鲜活起来，这是语文教师重要的使命。

无独有偶，我还听了一节《威尼斯商人》，教学重点是人物形象分析。

对于戏剧来说，人物形象分析确实是学习的重点。因为戏剧离不开冲突，而冲突实则是人物性格的冲突。从这个层面上来说，人就是戏剧的出发点和归宿，所以，人物形象分析自然而然就是戏剧学习的重点。

当分析人物形象时，教师设计了这样的教学流程：先开展小组讨论，让学生合作探究主要人物夏洛克和鲍西娅的性格，并且找出这样分析的文本依据；几分钟后，老师指名回答。

学生对戏剧中激烈的冲突很感兴趣，并理所当然地关注人物形象，所以，无论是合作探究还是指名回答，学生都很积极，争先恐后地举手表达自己的理解。不一会儿，黑板上就写满了学生对夏洛克和鲍西娅性格特点的总结：夏洛克冷酷无情、贪婪奸诈、固执残忍、狡猾善变；鲍西娅聪明机智、博学多才、善良仁慈。

对于戏剧来说，能从文本中找出人物形象，这样的教学仅仅能满足当今的考试要求，这样的课堂也只有一个骨架，缺少丰满的血肉。如果在分析人物性格时，教师在学生找出具体语句的基础上，再往前走一步，深入字词，多问两句：这句话里的哪个词语能够体现出他这种性格呢？这句话怎样写出了这种性格呢？此时，学生是否就会往文字的更深处思考？

例如，当学生根据"从那破产的家伙身上割下那磅肉来""无论你说得多么婉转动听，都没有用""要是殿下不准许我的请求，那就是蔑视宪章，我要到京城里去上告，要求撤销贵邦的特权"得出夏洛克是一个凶残冷酷的人时，教师引领学生思考：这几句话中的哪个词语能够体现他的凶残冷酷？然后带领学生一起分析"无论……都""要是……那就是……我要……"，如此一来，夏洛克的凶残冷酷是否就能跃然纸上呢？

再例如，当一个学生根据"且慢，还有别的话哩。这约上并没有允许你取他的一滴血，只是写明着'一磅肉'；所以你可以照约拿一磅肉去，可是在割肉的时候，要是流下一滴基督徒的血，你的土地财产，按照威尼斯的法律，就要全部充公"和"既然你要求公道，我就给你公道，而且比你所要求的更公道"两句话得出鲍西娅是一个聪明机智的女人时，教师引领学生分析鲍西娅说这句话时严密的逻辑。通过对"只是写明、你可以照约、所以、可是"以及"既然、就、而且"等词语的分析，就能帮助学生理清鲍西娅说话时严密的逻辑，而鲍西娅的聪明才智就是通过这样严密的逻辑表现出来的。

语文老师不仅要带领学生看到文本上的文字，而且还要看到文本空白处流淌着的文字，只有这样，我们的语文课才能丰厚起来，学生才能感受到语文的韵味，触摸到语文的灵性。切莫让课堂的终点等同于学生的起点。

我们来看看《林黛玉进贾府》中的这段话："天下真有这样标致的人物，我今儿才算见了！况且这通身的气派，竟不像老祖宗的外孙女儿，竟是个嫡亲的孙女……"

初看这段话，只觉得是王熙凤在夸奖新来贾府的林黛玉，但其实，这种夸奖是极其用心的。表面上看，王熙凤惊叹的是林黛玉是自己"见所未见"的标致人物，这样的夸奖夸得高雅，不见庸俗痕迹。但如果认识仅止于此，便还远没有看到王熙凤这句话背后有着怎样的机心。如果结合贾府的特定的人际关系理解，这句话的高妙之处就跃然纸上了。王熙凤工于心计，最想讨老祖宗的欢心，因而初见林黛玉时必然恭维林黛玉，但表面上恭维的是林黛玉，实则是要让老祖宗高兴，而且既要让老祖宗高兴，又不能直说，更不能得罪老祖宗身边的那些夫人们以及众姐妹们，于是，她便说出了这样周全的话："况且这通身的气派，竟不像老祖宗的外孙女儿，竟是个嫡亲的孙女"。用两个"竟"字说明又像又不像，真是高妙，把林黛玉称赞为"竟是嫡亲的孙女"，讨得老祖宗的欢心，又肯定了迎春姐妹等嫡亲孙女的地位，使她们感到荣耀。这比直说"是"不知要高明多少倍。一话既出，众人皆乐，王熙凤工于心计、巧嘴利舌的特点就刻画了出来。

《在马克思墓前的讲话》开头是这样一段话："3月14日下午两点三刻，当代最伟大的思想家停止思想了。让他一个人留在房里还不到两分钟，等我们再进去的时候，便发现他在安乐椅上安静地睡着了——但已经是永远地睡着了。"表面上，这段话很平实，用最为普通的陈述句交代了马克思逝世的时间、地点。但是，只要透过字面深入挖掘，就可领悟到恩格斯对马克思的崇高评价以及对马克思的深情。试想：为什么文中没有直接写马克思"逝世"，而是用了三个带"了"的句子？为什么用"停止思想"，而不用描写一般人逝世时用的"停止呼吸"或"心脏停止了跳动"？在这里，恩格斯是想用"停止思想"突出马克思是"当代最伟大的思想家"。为什么用"安静地睡着了""永远地睡着了"，而不用"与世长辞"或"离开了人间"？因为用"睡着"更能含蓄而深沉地表达恩格斯失去战友的无限悲痛，他认为他的战友永驻人间，只是"睡着"了而已。然而，事实是无情的，毕竟是"永远地睡着了"，离开了人间。破折号后面的"但已经是永远地睡着了"，既是和前面"睡着"的重复，又是补充。

语文课，就应该这样，带领学生在文字间走几个来回，让学生感知文字的丰厚性，因为我们的目的不仅仅是为了考试，更是为了涵养心灵！

和文本对话必须是朗读吗？

不可否认，我们的语文教学曾走过一段弯路：凡成功的课一定花样百出，凡受到赞誉的课一定花样翻新。这样的课堂，教师的主要精力用在设计上，学生的主要精力用在表演上，一节课下来，教师最大的收获是导演成功，学生最大的收获是表演成功，语文课成了名副其实的表演课。

新课程实施以后，语文课程标准明确指出："阅读教学是学生、教师、文本之间对话的过程"，"阅读是学生的个性化行为，不应以教师的分析来代替学生的阅读实践。应让学生在主动积极的思维和情感活动中，加深理解和体验"，"各个学段的阅读教学都要重视朗读和默读"等。学习了这些，大家都认识到了原来的错误，力争改过，语文教学开始逐渐回归，阅读课不再注重表演，而是强调和文本对话。于是，一线教师就理所当然地认为："和文本对话"的课堂必须有琅琅的读书声，一堂好课的标准之一就是"书声琅琅"。但是，当我听了一位老师执教《心声》后，不禁对此产生了疑问。

《心声》是著名女作家黄蓓佳的一篇儿童文学作品，全文共4000多字，59段。就是这样一篇课文，上课伊始，老师让学生带着三个任务大声朗读一遍，这三个任务分别是：给文章标出段落；标画出生字词；读完全文后，用一句话概括全文。且不说这三个任务是否合适，就只大声朗读一项，老师是否考虑到了它的合理性？这篇长达4000多字的文章，按照每分钟500字的默读速度，默读一遍至少需要8分钟；按照播音员朗读时每分钟200～220字的速度，朗读一遍最少需要18分钟。此时，我想问：接触文本必须是出声朗读吗？出声朗读是学生接触文本的最好方式吗？

果然，当学生读到第12分钟时，老师就有些着急了，尽管教室里还是书声琅琅，但她仍然击掌中止了还在进行的朗读，问："大家读完了吗？"听老师这样问，学生都知趣地回答读完了，老师便带领学生处理字词和用一句话概括全文。其实，当时学生明明没有读完，因为读书的声音还依然洪亮。学生是否真正读完了文章，老师是不需要发问的，只需要听教室内是否有读书声就可以了。好在，学生很给老师面子，当老师问是否读完时，他们明明没有读完，也回答读完了。看到这一场景，我想问：这12分钟的朗读，是有效朗读吗？

我当然知道"语文是一门读的学科"，在不同的场合，我也曾暗暗批评过某些教师的口头禅——"给大家三分钟时间快速阅读"，每当听到这样的声音，我都想问：为什么不能给学生充分的时间阅读呢？我认为，一个从来不懂得享受朗读的学生，不会是语文水平很高的学生。尽管我有这样的认识，但那天，当学生用12分钟朗读课文时，我还是产生了疑问。

要想探讨这样的朗读是不是有效朗读，我们首先要问文本有出声朗读的必要吗？如果有朗读的必要，别说15分钟，即使一整节课都在朗读，也是应该的。但不知您是否还记得自己当学生时的经历，开学之初发新课本，我们最期待先发什么课本？当然是语文课本，因为语文课本里有很多有趣的文章，发下来我们可以先睹为快。其中，小说理所当然最受欢迎，一个晚上就能被我们囫囵吞枣地阅读一遍。尽管时间在变，年代在变，但学生的这个兴趣没变，拿到课本，他们已经把有趣的小说读了N遍，已经读过N遍的小说，还有必要让学生大声朗读一遍吗？这样的朗读只用来处理生字词算是高效的吗？

也许你会说："很多语文名师执教时都是以读代讲，我怎么就不能运用呢？"是的，诵读是不可替代的言语感知活动，诵读是感悟语言的主要方式之一。同时，好多名师也都是以读代讲，整节课通过层层深入的朗读指导让学生了解文章背景、了解情感、把握作者的写作目的。但是，名师对于所有的文章都是这样处理的吗？4000多字的文章，在学生已了解了内容的基础上，再让学生出声朗读一遍，而老师却没有任何引导，这样的朗读会是高效的吗？标注文段、寻找生字词、用一句话概括，这三个问题必须通过大声朗读才能完成吗？这样的朗读，除了书声琅琅，学生真正的收获又有多少呢？

读书，是语文的第一要义，课堂上让学生空谈、空讲道理的做法，应该摒弃。但在课堂上，让学生进行没有收效的朗读的做法，也不可取。教师，一定要根据课文内容和课堂的进展巧妙地选择读书的方式，例如，篇幅较长者就适合默读，要求学生"动眼不动头，动手不动口"；文辞华美者就适合朗读，要求学生"读出轻重，读准字义，动情动色"；初读时，适合自由读，学生可以自由地读读、圈圈、画画，又能解决阅读问题中遇到的不同问题；当学生无论怎么读都读得不到位时，可以采用范读引导；如果学生有了精力分散的情况，可以采用齐读，烘托课堂气氛；文本的重点部位，可以让不同的学生多次轮读；对话内容较多、情趣较浓的文章，可以采取分角色朗读；等等。正如陶行知先生在《中学国文学习法》中所说："阅读总得'读'。出声念诵固然是读，不出声默读也是读，乃至口舌绝不运动，只用眼睛在纸面上巡行，如古人所谓'目治'，也是读。"总之，阅读的方式一定要结合文本进行选择。特级教师王崧舟在执教《长相思》时，要求学生这样读书：仔仔细细读上四遍，读前两遍的时候，注意词当中的生字和多音字，要把词念得字正腔圆；读后两遍的时候，要注意把它念通顺，注意词句内部的停顿，要读得有板有眼……

所以，我想说，尽管"书声琅琅"是语文课成功的标志，但绝对不是唯一标志。读书的形式很多，学生和文本对话不只是出声朗读这一种方式。语文课堂追求的是高效，而不仅仅是"书声琅琅"。

教师，请细读文本
——听课《从百草园到三味书屋》所想到的

听一位年轻教师讲授《从百草园到三味书屋》的第二课时，他的课堂思路清晰简单，紧紧围绕"____的三味书屋，____的先生"两个主问题进行。我们先看以下教学环节。

师：上节课我们初步了解了课文，今天，我们进一步深入文本，请大家默读课文，给"____的三味书屋，____的先生"填上合适的词语。

（生开始默读，师巡视。几分钟后，默读完毕。）

生：三味书屋是有趣的、热闹的书屋。

师：（边重复边板书）有趣的、热闹的。为什么呢？

生：因为在三味书屋读书时，学生可以在课间休息时去书屋后面的园子里做很多有趣的事情，例如爬上花坛折腊梅花，在地上或桂花树上寻蝉蜕，捉苍蝇喂蚂蚁等，这些事情都很有趣。

师：说得真好，还有补充的吗？

生：除了这些，他们即使在教室里，也可以偷偷用纸糊盔甲套在指甲上做戏，在小说的绣像上描画儿。

生：他们放声读书的内容也很好玩，你看，"狗窦大开"，哈哈……

生：（很着急的样子）老师，我觉得除了有趣和热闹外，三味书屋还很简陋。

师：（一愣）为什么说三味书屋是简陋的呢？

生：你看，他进去的时候，是"从一扇黑油的竹门进去，第三间是书房"，这"竹门"是"黑油"的，不是"朱门"，也不是"金碧辉煌"的,所以,三味书屋是"简陋的"。
师: 你的见解真独到啊,老师也没有想到。大家给他鼓掌。(然后板书"简陋的")

　　(至此,三味书屋前有了有趣的、热闹的、简陋的三个修饰语。老师带着学生开始学习寿镜吾老先生的特点。)

　　当进行上述教学环节时,教室里还不时地发出阵阵笑声,因为学生们说的那些事情确实很好玩,学生们似乎顺着文本进入了当今的娱乐场、游戏厅。听着这个环节,我愣了一下:三味书屋是热闹的、有趣的、简陋的吗?鲁迅先生丰厚的文学素养就是在这样的三味书屋里奠定下基础的吗?为解决这个问题,我们还需细读文本,还原三味书屋的真实面目。

　　是的,学生看到了"从一扇黑油的竹门进去"中的"黑油"和"竹门",这个"竹门"不是"朱门",显得很是简陋,学生便由此得出三味书屋是"简陋的"。但三味书屋就只这一个竹门吗?学生为什么就没有看到书屋中间那副"画着一只很肥大的梅花鹿伏在古树下"的画呢?为什么没有看到"我们便对着那匾和鹿行礼"的礼节呢?如果教师引导学生"读"出这幅画中"鹿"和"树"的谐音,再适时补充"三味书屋"一名的由来,那么,三味书屋在学生的心目中还会是"简陋"的吗?学生是否在简陋的缝隙里,嗅到了浓浓的时代气息?

　　学生之所以认为三味书屋是"有趣的""热闹的",是因为文章中有大段描写鲁迅他们趁先生读书入神时进行的活动:他们或溜到后面小花园"折腊梅""寻蝉蜕""捉苍蝇喂蚂蚁",或"用纸糊的盔甲套在指甲上做戏",或"把荆川纸蒙在小说的绣像上描画儿"。从以上语句中,学生理所当然地觉得三味书屋是"有趣的,热闹的"。

　　是的,在先生读书入神的时候,孩子们确实是偷偷溜了出去。但是,他们总是这样吗?如果此时教师引导学生不仅要看到这些"偷偷"的热闹,还看到"我就只读书,正午习字,晚上对课"中的"只"字,"读书",并且"只读书",这就说明这里正常的生活是以读书、习字为主的。不仅要看到"只读书",而且还要听到他们读的是"仁远乎哉我欲仁斯仁至矣""笑人齿缺曰狗窦大开""上九潜龙勿用"等句子。这些没有断句,甚至错用的句子，是否都是为了表明当时读的书拗口难懂？"只"读书，并且只能读这"拗口难懂"的书，就是他们生活的主要内容。如果这样分析，三味书屋还仅仅是"热闹的""有趣的"吗？

童年的鲁迅也很好奇，他对"怪哉"很感兴趣，可是长妈妈"知识不渊博"，所以他就利用上了生书，将要退下来的时候，赶忙问先生"怪哉"是怎么回事，得到的却是先生一脸不高兴地回答"不知道"。好奇心得不到满足，艰涩难懂的内容又需要去读去背；即使有画画儿的爱好，也只能在先生读书入神时偷偷去做……如果老师带领学生深入字里行间进行这样的解读，学生还会只认为三味书屋是"有趣的、热闹的"吗？

尽管我们不再从政治角度强调本文旨在揭露和批判封建腐朽、脱离儿童实际的私塾教育，但我们必须把三味书屋真实的面貌呈现给学生。如果有了上面的解读，三味书屋在学生的眼里就会全面、真实、厚重起来，即使隔着久远的时间，学生也会嗅到它浓浓的时代气息，而不仅仅是"有趣的、热闹的、简陋的"。

教师，一定要细读文本，从字里行间感知、触摸文字的温度，读出字里行间的空白处流淌着什么，读出文字之外的东西，倾听到文本细微的声音，要引导学生从言语的表层走向深层。已故语文教育专家陈钟樑先生曾提出语文教师的眼睛要"毒"，这里的"毒"，指的就是敏锐、深刻、独到，能从字里行间读出学生读不出来的东西，以便更好地引领学生走向文本的纵深处，让学生上这节课与不上这节课对文本有不同的理解和感受。于漪老师曾说："备课，必须一丝不苟，把教材吃透。我给自己立了个规矩，要独立思考，刻苦钻研，力求自己真懂。要培养学生的阅读能力，就须先培养自己的阅读能力。每备一篇课文，总要查清时代背景，推敲词句，理清作者思路，脑子在课文里来来回回走。从语言文字到思想内容，再从思想内容到语言文字，追根寻源，弄清三个问题：这篇文章写什么？怎么写的？为什么这样写而不那样写？三言两语能够准确地拎出来，毫不含糊。哪怕是一个词一个句，也要反复推敲，咀嚼，从不同角度思考，肯定，否定，再肯定，再否定，脑子里始终有思维的火花。"[1]

是的，语文教师，请静下心细读文本，像婴儿般无知地阅读，像文

---

[1] 于漪.岁月如歌[M].上海：上海教育出版社，2007：11.

学家般思考着阅读,像教育家般辩证地阅读,唯有这样,我们才能练就一双慧眼,一双"毒眼",才能看出有限的文字背后,有着怎样无尽的内涵。只有这样,我们才能拥有专业尊严。

课堂需动更需静

听一位老师执教《隆中对》。课堂上,教师组织很得法,无论是自主学习,还是讨论交流,无论是质疑问难,还是释疑点拨,学生表现都很积极,气氛甚是活跃。在教师的引领下,课堂生成了一次又一次精彩,达到了一个又一个高潮。下课后,听课教师都在啧啧称赞,但在大家的称赞声中,我还是觉得这节课少点什么。少点什么呢?对,这节课少了静思,少了积淀,也就是说,这节课只有动而缺少了静。

新课改强调"课堂上让学生动起来"。于是,很多课堂都"动起来",而且不是一时的动,而是全过程的动;不是一个人动,而是全员动、全班动,老师也跟着动。但很多时候,我们的课堂上呈现出来的仅仅是躁动和浮动,动起来的只是形式。我们先看课堂上字词处理环节。

师:(指着"荆州北据汉、沔"中的"沔"字再三强调)同学们,这个字很容易出错,你可要看仔细了,右半部分是"丐"吗?

生:(齐)不是。

师:那么,右半部分和"丐"的区别在哪里呢?

生:右面的口要封上。

生:最右边那一笔是一笔下来的。

生:右半部分是四笔,不是五笔。

师:大家说得很好,都记住了吧?这个字的右面的口要封上,最右边那一笔是一笔下来的,右半部分是四笔,不是五笔。

生:记住了。

师:好,我们开始下一个环节。

听着学生七嘴八舌地讲述这个字的写法，我不由得想：识记生字的最好方式是口头表述吗？如果不是口头表述，那什么样的方式更合适？其实，我们都知道记住字形的最好方法是动手写写，如果老师在黑板上一笔一画地引领写，把第一笔、第二笔、第三笔、第四笔分开引领着写一遍，学生安安静静地在练习本上描摹，效果应该比只口头说说好得多吧？语文课需要动口，但必要的时候更需动笔。可惜，老师只让学生热闹地表达了一番写法，而根本没有动笔实际操作，这个环节就过去了。

处理完字词，老师带领学生疏通字、词、句意。这节课文言实词和虚词的量很大，有很多需要记忆和理解的内容。老师组织课堂的方法也很好，他采用自主合作学习的方式，先让学生自学，然后再小组合作，最后全班同学质疑释疑，遇到全班同学都解决不了的问题，老师再点拨引领。一时间，课堂上问的问，说的说，精彩纷呈。当学生的疑问全部解决之后，老师就带领学生进入了下一个环节——梳理文章内容。

看到这里，我又一次疑惑了，那么多词语需要识记，需要理解，难道仅仅互相提问一下就过去了吗？如果我是一个学生，仅仅提问了一遍，我能理解多少呢？为什么这个环节不能慢一点，在学生自主合作学习之后，再给他们一段时间，让他们安静地思考和理解一番，让这些词语逐渐进入他们的骨髓呢？西方有句格言：听过的，忘记了；看过的，记住了；做过的，理解了。据科学测试，要使学习获得最佳效果，科学的方法至关重要，其中一点是要几种感觉器官同时并用。记忆的一般规律是，光凭口念，一段时间后只能记忆10%；只靠耳听，过后仅能记住20%；只用眼睛看，过后能记住30%；如果耳眼并用，能保持记忆的50%；如果进一步，耳眼口相结合，可保持记忆的70%；倘若耳眼口手同时并举，记忆率能达到90%。既然这样，那么，我们为什么不让学生在动动眼、动动口的基础上再动动手呢？

在梳理文章内容时，教师采用了与上一环节相同的组织方式，学生又是分组交流、互相质疑，然后匆匆而过。这样的课堂，表面上学生学得很主动，很积极，教师仅仅是个组织者和引领者，但当课堂一直这样进行时，我忽然有了隐隐的遗憾。我想，如果让学生在口头表达的基础上，再静下来，增加一个"写一写，记一记"的环节，写下刚才的心得，记下刚才的疑惑，岂不更好？一则书写本身就是加强记忆的方法，二则有了书写，留下一点痕迹，也更方便以后系统地复习。可惜，老师没有这样做，一直到下课，学生连笔都不曾拿起过。

教学的最后，老师带领学生梳理诸葛亮提出的战略方针。在学生此起彼伏的声音中，教师梳理得很艰难。看到这里，我敏锐地感觉到：太多的喧哗导致学生的思维肤浅化，只能从表层滑行到表层，而不能深入文本。此时，如果要求学生静下心来默读细想几分钟，他们的思维可能会走入文本深处，教师梳理起来可能会便捷很多。

这样的教学场景，在现在的课堂上似乎很"时髦"，学生合作探究，讨论得不亦乐乎，但我们仔细听听，就会发现，很多时候他们并没有深入进去。这样的讨论并没有多大的价值，既缺乏教师对学生的深入启发，也缺乏学生对问题的深入思考，整个课堂教学始终在浅层次上徘徊，而缺少真正的思维碰撞。

诸葛亮曾言，"学须静也，才须学也"，又言"静以修身"，"非宁静无以致远"。在这里，诸葛亮反复强调了学习需要静，而这个"静"就是静心专一，只有静下心来，埋下头来，用心真学，才会进步。学习需要静思默想，静心钻研，冥思苦想，不经历这样的静心求学的过程，学生是很难有成就的。

著名教师于永正在讲授《高尔基和他的儿子》时，有一个默读环节，要求学生一边默读一边画出值得思考的句子，默读完后，不要急于回答，而是用眼睛盯住画线的句子思考这个句子，再把自己的思考和理解写在书上，加批注。

可惜，很多时候，我们的学生不会这样去沉静地思考，教师也很少这样去引导，我们仅仅满足于课堂表面的热闹和喧哗。课堂需动更需静，不安静就没有办法倾听，不安静就没有办法思考。当教学进行到课堂的重点、难点和思考点时，教师一定要引发学生的内在思维活动，这时候，就需要创设一种宁静的外在氛围，让学生静下来思考，静下来沉淀，以达到外在氛围与内在思维的和谐统一。静水流深，很有道理，很多时候，表面上沉静，其实内在的思维在激烈地碰撞。

所以，课堂，当静则静。静下来想一想，让思维抵达更深处；静下来写一写，把思考的痕迹留下。很多时候，外动是形式，内动是根本，如果只一味地追求表面的形式，而不追求课堂的实质，那就是做表面文章，这样的课就是"绣花枕头",中看不中用。只有变动为静,化动为静,静中求动,以静制动,动静结合,才能达到"此时无声胜有声"的效果,课堂的生动性和实效性才能得到真正的体现。所以说,在语文课堂上,我们既需动,但也更需静,静往往比热闹更可贵,它能让每一个个体主动地去想象,自主地去揣摩。思维的火花静静地闪烁,情感的波涛静静地流淌,在静中,学生芬芳的心智之花悄悄开放,真正实现了生命在场。

让学生打磨自己的强项

听一节中考前作文技法指导课，指导的主要内容是如何写好开头。

作文开头似乎很重要，特别是对于马上要进入中考考场的学生来说。据说，批阅中考作文试卷的老师，平均要在50多秒内看完一篇作文，定下一个分数。50秒钟是个什么概念？大概也就只能快速扫描一下开头，浏览一下结尾，看看字体是否公正、中心是否突出、立意是否鲜明了吧？50秒能寻找到这些信息已经很不错了。从这点上来说，一个漂亮的开头确实很吸引阅卷老师的眼睛，利用一节课的时间训练开头，确实是应该的，也是必需的。

看老师发到学生手里的有关素材，我就知道老师课前下了很大功夫，因为她查找了大量的作文开头，例如：

"阳台的边缘，城市正在退潮，打着惬意的盹。日子如织布机上的布，一片片滑下，又一片片接上。日子也如蝶，每天从墙上飘落，幻化成粉，弥漫在每一个鲜嫩生动的角落。"

"生命就是龚自珍的'落红不是无情物，化作春泥更护花'的献身精神；生命就是文天祥的'人生自古谁无死，留取丹心照汗青'的超脱与豁达；生命就是苏东坡'谁道人生无再少，门前流水尚能西'的浩然正气；生命就是杜甫'感时花溅泪，恨别鸟惊心'的无奈与伤感。"

"乐观就是那直上青天里的一行白鹭，乐观就是那沉舟侧畔的万点白帆，乐观就是那鹦鹉洲头随风浮动的菁菁芳草，乐观就是那化作春泥更护花的点点落红。"

……

课堂上，教师或带领学生齐读这些优美的开头，或独自深情地朗读，然后让学生用"我喜欢……（哪一句），因为……"的句式分析自己喜欢的句子以及喜欢的原因。在这一过程中，学生的表现很积极，每个句子都有人喜欢，在分析原因时，学生大多分析了句子使用的修辞及表达的情感。分析完之后，老师带领学生进行片段练习，给《为自己鼓劲》写一个开篇。

  教师选择的素材确实是美的，这样的训练指向性也很强，经过这样的训练写出来的作文开头应该很不错。但是，听着这节课，我还是有几个问题想问。

  我的第一个疑问是：好的开头一定是华丽的吗？或者反过来说，华丽的开头一定都是好的吗？华丽甚至奢华的开头确实能吸引阅卷老师的眼睛，但是，如果所有的学生写的都是华丽的开头，那么，阅卷老师是否也会感觉到疲惫？就如同吃大鱼大肉，如果每天都吃，你还能吃得下，消化得了吗？打开网络搜索，只开头技法的介绍就有很多种，如"开门见山法""悬念倒叙法""主要人物介绍法""勾画背景法""渲染气氛法""介绍缘由法""触景生情法""描写细节法""强烈抒情法""揭示矛盾法""欲扬先抑法"等等。这么多的开头方法，难道都适合用华丽的语言来表述吗？

  我的第二个疑问是：即使华丽的开头是必需的，然而所有的学生都能写出来吗？我们不能否认，每个学生都有各自的思维方式和语言表达习惯，有的学生可能不擅长写华丽的语言，他擅长的恰恰是娓娓道来，他的文字彰显出来的是朴素之美，你能说朴素不是美的吗？有的学生擅长的可能是开门见山，他的文字彰显的是干练之美，你能说干练不是一种美吗？有的孩子擅长的可能是幽默风趣，他的文字彰显的是情趣之美，你能说情趣不是一种美吗？……那么，对于这些学生来说，难道他们必须抛开原来擅长的，而去逼自己写一个华丽的开头吗？

  我的第三个疑问是：即使所有的孩子都能写出华丽的开头，但是，所有的文章都适合华丽的开头吗？大量的排比和比喻是每次作文课都必需的吗？

  语文教学是"语用"学科，是"培养学生正确使用祖国语言文字能力"的教学，重在"能用"，而不是"知道"。衡量学生是否学会语言的标准，不是看他懂得了多少语言知识与规律，也不能仅仅看他积累了多少词语句子，而是应该看他能否熟练地运用这种语言。作文更是如此，它需要的不是口头的技法，而是脚踏实地地提高。那么，怎样才能真正脚踏实地地提高呢？

作文课是否可以这样上：让学生带上自己的作文本，让作者自己或者小组内的同学一起分析每个人的开头有什么特点。这样一分析，大家可能就会发现不同的学生有不同的思维习惯和语言习惯——有的擅长开门见山，有的擅长设置悬念，有的擅长排比抒情，有的擅长绘景传情，有的擅长使用题记，等等。学生知道了自己的语言特点，然后再针对自己的特点进行打造训练，是否既可以让个人的特点更突出，又让班级有百花齐放的收获？作文有法，但无定法，找准自己最擅长的，并且发挥到淋漓尽致，这就是最大的成功。

除了作文素材方面的问题外，作文课还有实践写作时间的安排问题。要使学生真正掌握语言，没有实地操练是不行的，新课标中"实践"一词共出现了 19 次，这个数字就超乎寻常地强调了语文实践的重要性。叶圣陶老先生曾经说的"语文无非是个例子"，就是说语文学习的目的不是学习语文，而是通过这个例子来提升自己的能力，而实践能力的提升，绝对不能仅靠教师的讲授，更要落实到学生的读写实践和反复的历练之中。

是的，虽说很多知识可以通过间接途径获得，可唯独阅读和写作等语文能力，必须通过实践才能获得。作文课尤其如此，老师再精彩的讲解分析也不如学生脚踏实地的实践练习，优秀作文是练出来的而不是讲出来的。但在这节作文技法指导课上，45 分钟的时间，学生用来真正写作练习的只有 7 分钟。这样的时间分配合适吗？教师拼命地讲，学生就能收到实效吗？知道了怎样做好就一定能做到那样好吗？就像你懂得了驾驶汽车的理论，知道了开车的方法和步骤，你就一定会开车吗？学会开车需要把理论转化为操作技能，直到有了车感才会开车。作文也是这样，不是单凭老师的讲解就能让学生的作文水平得到提高的，作文课，一定要给学生留下时间来进行练习。

课堂，每设计一个环节，教师都要想一想：我设计这个环节的目的是什么？这个环节只能这样设计吗？还有没有更好的设计方法？……如果多想想这些，也许我们的课堂就会更加有效。

课堂上请不要故意为难学生
——一节导课引起的思考

一位教师讲授《从百草园到三味书屋》时，这样展开了他的导课。

师：有这样两句诗，"博大胆识铁石坚，刀光剑影任翔旋"，谁知道这两句诗的意思？

（冷场，没有学生举手。）

师：这两句诗是赞美谁的？（及时转化问题，尝试降低问题的难度。）

（仍然无人应答。）

师：（颇显无奈地）这是赞美鲁迅先生的诗句，请大家记在笔记本上。

（学生纷纷拿出笔记本把两句诗抄在了笔记本上。）

看到这个环节，我哑然了。

且不说这两句诗的意思学生是否理解，也不说这两句诗是否能代表鲁迅先生的特点，就只是学生对这两句诗的熟识度，老师预测了吗？此文的导课，是否只有这两句诗最合适呢？除了这两句诗，是否还有其他更好、更适合的语句作为导语呢？

如果引用鲁迅先生的"横眉冷对千夫指，俯首甘为孺子牛"，如果引用"他的文章像匕首、像投枪，刺中了国民党反动派的要害，揭穿了他们的反动面目"，如果引用"热风吹落满庭芳，了却朝花又夕拾，一声呐喊天下白，彷徨至今不彷徨"等，从鲁迅先生的为人、语言特点、蕴含他的文集题目的诗句来导课，是否就在无形中降低了难度，也更具有记忆的价值？

贾志敏老师在执教《我不怕鬼》时，是这样介绍作者鲁迅的：鲁迅是中国乃至世界上都很有影响的大文豪，用他弟弟周作人的话来说，"世界上最会写文章的人在中国，中国最会写文章的人在浙江，浙江最会写文章的人在绍兴，绍兴最会写文章的人在周家，周家最会写文章的人是我们老大"，这样看来，世界上最会写文章的人就是鲁迅了。他的文章如匕首，似投枪，唤醒了一代中国人，因此，要了解中国的近现代史，就要读鲁迅的作品；而要了解中国人的骨气，就要了解鲁迅。

这样的介绍，一是故事性强，容易引起学生的兴趣；二是语句采用顶针修辞，有特点，便于记忆；三是紧承着引用内容进行总结，进一步明确了鲁迅先生文章的特点以及在中国近现代史上的地位。这样的作者介绍，既能吸引学生的注意力，又介绍了鲁迅先生的特点，应该比"博大胆识铁石坚，刀光剑影任翔旋"更能让学生接受。

课堂上，千万不要故意为难学生，当然，正常的有梯度的教学不包括在内。我们再看一位教师讲授《绝唱》时的一个片段。

师：王小玉的唱有什么特点？

生：（异口同声）绝。

师：（在黑板中央板书"绝"字）王小玉的唱"绝"在哪里？

生：（纷纷翻书阅读，好大一会儿，一学生站起回答）王小玉的唱"绝"在唱功上。

师：（在黑板上板书"唱功"，继续追问学生）除了唱功，还绝在哪里？

生：……

师：大家找出来具体描写"绝"的段落，从这些段落里能看出其唱腔的哪些特点？

生：（很轻松地）唱腔刚、柔、婉转……

其实，当老师在询问还"'绝'在哪里"时，我也一直在努力思考，但除了唱功，我真的想不起来王小玉的唱还"绝"在哪里了，因为她的相貌"不过中人以上之姿"，她的穿戴也很普通、很平常。

后来，在老师的引导下，我才知道老师的意图是让学生找出具体描写"绝"的段落，然后引导分析课文是怎么描写"绝"的。如果目的在这里，教师最初提出的主问题能够引出对这些问题的学习吗？这样的主问题是否太为难学生了呢？如果换一个问法："王小玉的唱的特点是'绝'，哪些段落具体描写了'绝'？运用什么样的手法写出的'绝'？通过这些描写，你知道她的唱腔有什么特点？"这样一来，学生是否就很容易找出描写"绝"的段落，很容易看出运用比喻、通感写出了"绝"，也能很明显地看出"绝"在哪里呢？

  由以上两个事例看出，教师在提问题时，一定要考虑学生的认知水平和思维习惯，避免问题太大、太偏以至于为难学生。每节课的各个教学环节，都应该像一根链条上的一环，要具有自身的教学价值和学习价值，其中任何一环出了"故障"都不行。为避免课堂上出"故障"，教师的课堂设计要力求做到"四化"：复杂的问题简单化，杂糅的东西条理化，枯燥的东西趣味化，新知和旧知衔接化。做到这些，学生才能在教师的带领下，从不会走向学会，从不懂走向懂得。

专家，请你口下留情

一次参加省级观摩课活动，组织方邀请了国内一位70多岁的知名专家，由他来现场执教一节作文指导课。但这位知名专家在课堂上对学生作文的点评，却引起听课教师一次次哄笑。那一刻，我的心里只有一句话：专家，请你口下留情，好吗？

上课伊始，专家就开始进行了一番写作指导，此时，他的情绪似乎不太稳定，总掩藏着着急、发怒的情绪，全无70多岁老人的温和、从容。举个简单的例子吧。当孩子不太流利地读完幻灯片上的文言文段落后，专家评价道："读得太不好了，太不好了。"我也承认，那天的课堂上，孩子们读得确实不太流利。但当面对这样的学情时，老师应该怎么做？即使是一个普通的教师，也知道应该在学生原有的基础上进行指导，让其有所提高，逢山开路，遇水搭桥，这才是教师真正的水平。相反，这位老专家给予学生的却是这样一个打击性的评价。按理说，当一位70多岁的老教师和一群十几岁的孩子相遇时，他对自身的定位首先不应是教师，而应是爷爷。也就是说，站在讲台上时，他的身上应当自然而然地表现出爷爷般的慈祥和温暖。但事实却并非如此。

课堂环节是这样安排的：老师指导作文技法—学生作文实践—学生展示作文。在学生展示作文时，老师先请三名学生到黑板前准备朗读作文。最初，听课的教师都认为这三名学生是幸运的，因为能让专家这样近距离地、一字一句地详批细改自己的作文，确实是一件幸事。但我不知道，那三个孩子也不知道，等待他们的，竟然是一顿痛批。

当然，展示作文不是只能表扬优点，发现了不足也一定要指出来，只有这样才能更好地提高和进步。指出不足的方法有很多，语言和语气也有很多，但令人没有想到的是，这位专家竟然用这种语言来评价小学五年级的孩子："你读得太差了、太惨了！""废话废话，这都是废话，你还写上'你又喝了口水，去了个厕所呢'！""不该写的写了不少，现在该写的时候却不写了，你能直接就写'推一下门'吗？""你太不聪明了，太不聪明了！""你这个小孩是外国的吗？怎么连中国话都听不懂？"……当最后这句评价从专家口里脱口而出时，会场响起了一阵爆笑。我不知道，在专家耳朵里，这爆笑，是对他的讽刺还是对孩子的嘲笑。

学生只是朗读了短短几百字的片段描写，老师就多次用这样的语言评价孩子，也许我的描绘还不能完整地再现当时的场景，但您完全可以凭借这些语言来揣摩这些语言背后的语气和神态。最后，朗读作文的女孩子紧张得连句子都读不完整了，这也许就是对专家指导的最好回应。听着孩子断断续续的声音，听着专家独有的评语，我只有一个想法，如果我是那个女孩，我肯定会把本子一扔，大声对他说："我不读了！"

好在，孩子比我有内涵，她没有这样做。就这样，在这近千人的会场上，这样一个环节就堂而皇之地诞生了。现在，我只想对专家说一句："老师，请你口下留情。"即使你是个专家，而我只是一个普通的教师，我也要向你提出这样的建议。即使是我这样的普通教师，即使是在一间封闭的教室里，我也不会用这样的评语来评价学生。因为这样的评语会像一把刀，深深地刺伤孩子的自尊心；这样的评语会像一个魔咒，紧紧地扣在孩子的头上，压得她永远抬不起头来。

专家，请你口下留情。如果你还这样继续下去，那我就要请你口下留德了。

最表层和最里层的

某周日，有幸聆听了 28 位教师上微型课，一天下来，有两句话让我感受颇深。

第一句话是：教师，请让你的表情舒展起来，灵动起来。

那天，我把自己定位为一个普通的学生，用零认知的心态来听课。28 位教师中，我最喜欢、收获最大的课堂都有这样的共同点：执教教师面部表情随和、真实、灵动；教师语言或慷慨激昂，或温文尔雅，或铿锵有力，或淡定从容。也就是说，他们的一举手一投足，一颦一笑，都诉说着讲台上的生命是饱满的，是充满生命汁液、生命张力，充满韧性和弹性的。尽管只有短短的 15 分钟，但他们的课堂却成了一个个强烈的磁场，紧紧地吸引着我，让我想走也走不掉，想开小差也开不脱，不知不觉，15 分钟就过去了。

但是，28 位教师中，也有人呈现出了另外一种表情——或拘谨，或僵硬，甚至面无表情。看着他们，我莫名地想到了鲁迅描写祥林嫂的那句话："只有那眼珠间或一轮，还可以表示她是一个活物。"在这样的课堂上，我如坐针毡，只有一次次地看表。也许在这种非常态课堂上，教师有顾虑、放不开，如果真是这样，我还稍微释然一些。但在平时的课堂上，也不乏某些教师为了所谓的"严肃性"或"权威性"，板着脸借以提高自己的身份和地位。看着那张毫无表情的面孔，我忽然想问：这样一张面孔下，掩藏着一个多么无力乏味的生命啊？该有一根多长的绳索紧紧捆缚了他的心灵，才让他露出了这样一种表情？我为他感到悲哀，为他的生命状态悲哀，更为那些天天要面对这样一张面孔的学生悲哀——那该是多大的精神折磨啊。

从比较中，我深切地感受到教师表情的重要性。亲爱的老师，当你站在讲台上时，请让自己的心随和起来，让自己的表情舒展、灵动起来，让我们以最有灵性的表情和孩子的生命相遇，以我们的人格魅力吸引一个个孩童，如果这样，那不仅是孩子的幸事，也是我们自身生命的精彩。

第二句话是：文本解读能力是语文教师永远的基本功。

语文教师的重要任务是唤醒学生沉睡的心灵。他不仅要告诉学生字面上写了什么，而且要引导学生看到字里行间流淌着什么；不仅要告诉孩子们文章写了什么，而且要告诉孩子们是怎么写出来的。要做到这点，语文教师需要有较强的文本解读能力。教师只有自己有了较强的文本解读能力，才能用声音把沉睡的文字唤醒，让沉睡的文字散发出或柔和或耀眼的光辉，从而让学生读懂一篇文，爱上一个词，感受一丝美好。这样，这篇文章才算是真正润泽了一个人的生命。

于漪老师说："文章的个性如果不能洞悉，教课时千课一面就不足为怪了。"而要洞悉文章的个性，语文教师就必须首先读懂、吃透教材文本，对文章有自己独特的解读。钱梦龙老师曾说："我备课时，自己觉得理解起来有点难度的地方，就想，学生可能更难理解，自己看了几遍才看出写得很好的地方，就想，学生也很难看出它的好来。"

在听课中，我感觉到部分教师在这方面尚有欠缺。例如，六位教师讲授了《背影》，大家的教学重点都设计了通过站台买橘子的细节，来理解父亲那含蓄、深沉、厚重、博大的爱。但遗憾的是，对于这一重点，好多教师基本没有什么突破的方法，只是让学生"读一遍，再读一遍"。我真的想问一句："读第二遍和读第一遍有什么区别？教师的指导在哪里？"此时，如果尝试使用孙绍振教授的"词语还原法"，或者使用"更换词语比较法"，带领学生在还原中、比较中感受品析，是否能让学生更好地触摸到那些词语的温度呢？

我们来看看王君老师执教《背影》这一课时对父爱的准确把握。

师：从父亲买橘子的文字中，你读出了什么？
生：伟大的爱。
师："伟大"太抽象，太笼统。
生：无私的爱。

师：比伟大好，涉及爱的特点了，但还是比较空，再加把油，表现出此时此地爱的特点。

生：那……表现的是无微不至的爱。

师：无微不至，是一个人对另一个人，父亲为"我"挑选座位是无微不至，千叮咛万嘱咐是无微不至，决定买橘子为我解渴也是无微不至，但此时描写的是买橘子的过程，父亲孤身一人爬月台啊，他对谁无微不至呢？

（生迷茫，低头，答不出来。）

师：不要着急，再细细读读这段文字。

（在教师的引领下，学生开始分析父亲的动作、穿着。）

师：这样的身材、穿着和动作，父亲是怎样去爱啊，是无微不至地去爱吗？

生：努力地去爱。

师：努力，真好，这个词语比起刚才的伟大、无私、无微不至都好，但是情感还不够。

生：竭尽全力。

师：对啊，同学们，这是竭尽全力地去爱啊，竭尽的不仅是金钱，还有体能。买橘子本来是一件平常事，但是，对父亲而言，成了一件需要竭尽全力才能完成的事，所以它就更加感人了。

此外，为了让学生更进一步理解父爱，王君老师还让学生比较父亲对茶房的两次"嘱"，一次用的是"嘱咐"，一次用的是"嘱托"，第四段中，对茶房是"嘱咐"，因为那个时候还不是分别的时刻，所以嘱咐而没有托。临分别，对茶坊是"嘱托"，是叮嘱加托付，这点点滴滴的区别，都蕴含着一种竭尽全力的爱。这样的细读，我们能做到吗？

再举一个例子吧。《老王》一课重点写了两个人物，一是老王，一是作者杨绛先生。但选择讲授这篇文章的五位教师都只是反复强调老王是一个有爱心的人，即使在生命垂危的时候也要给杨绛先生送鸡蛋，而没有一位教师涉及"杨绛先生的愧怍"，没有一位教师引导学生探寻杨先生的"愧怍"源自什么，没有一位教师带领学生分析杨绛先生的愧怍源自她最初内心深处的不平等，源自她的同情大于平等、拒绝大于接受，源自她对人对事的原则——绝不欠别人的情,将情物化为金钱给予回报,以至于让老王带着遗憾离开了这个世界。老王对杨绛是"心"的付出,但杨绛对老王只是"钱"的回报,这就是最大的不平等。没有一位教师从杨绛的情感角度去解读文本,甚至一个教师还设计了让学生"表演"老王送鸡蛋的细节。试想,如果真的把表演搬到了讲台上,讲台下会有多少笑声响起?如果这笑声让杨绛先生听到了,我想,一向宽容平和的杨先生也会怒火中烧吧。

28节微型课,令我感受最深的就是以上两点。这两点,恰恰一个是教师最直观、最表层的素养,也一个是教师最根本、最里层的功底。语文教师如果修炼好了这两点,他的课堂,一定会由里到外散发着语文的芳香。

莫让教参"绑架"了课堂

《十三岁的际遇》是田晓菲在16岁时为纪念北京大学建校90周年而写的一篇文章，文章篇幅较长，有2600多字。那天，听一位老师执教此文，课堂上出现了下面的一幕。

师：同学们，先请大家把课文默读一遍，要求读完后用一句话概括文章。

（生默读，只五分钟，学生们的小手就齐刷刷地举了起来。）

生：作者回顾了与北大的渊源，特别是在北大两年学习生活的感受，表达了热爱北大、赞美北大以及必将离开北大的复杂感情和渴望创造的精神。

师：很好，还有其他同学要发言吗？

生：作者回顾了与北大的渊源，特别是在北大两年学习生活的感受，表达了热爱北大、赞美北大以及必将离开北大的复杂感情和渴望创造的精神。

（师点击多媒体，屏幕上也出现了"作者回顾了与北大的渊源，特别是在北大两年学习生活的感受，表达了热爱北大、赞美北大以及必将离开北大的复杂感情和渴望创造的精神"这句话。）

看着这一幕，我吃惊极了。刚开始，当学生在只用了五分钟就齐刷刷地举起小手时，我只是觉得稍微有些不可思议，因为一篇2600多字的文章，默读一遍至少需要六分钟，并且这篇文章还有些拗口，再把2600多字归纳成一句话，至少也需要一两分钟，但这些孩子只用了五分钟就举起了手。后来，当第一个学生回答完毕，我的疑惑开始增大了：短短的五分钟，读完2600多字，又能把这2600多字概括得如此有条理，如此清晰，学生的水平确实高。但我没想到的是，第二个学生竟然和第一个学生的发言毫无二致，而老师总结在多媒体课件上的，也是这句话。

这到底是怎么回事？两名学生的回答和老师课前的预设一模一样？不，正常的情况下，绝对不会出现这样的巧合，这很可能就是书上的一句原话。这时，当我回头看一下其中一位回答问题的学生的课桌，果真发现该生课桌上还摆放着一本《教材全解》。看到这本书，所有的谜团都解开了。

《教材全解》是一本教辅资料，其中有针对每篇文章的解读，大到文章主旨、文章思路，小到重点句子的含义、修辞的用法、词语的解释等，几乎无所不包。刚才学生"概括的语句"，就是从《教材全解》上抄写到课本上的。如果学生拿到问题，大略看一下文章，然后翻阅该资料，找到这段话并抄写在书本上，五分钟时间是应该能做好的，这样说来，仅五分钟学生就纷纷举起手来的现象就能得到合理的解释了。

接下来，教师又针对文章的思路以及具体段落的分析等进行了提问，但不管教师怎么提问，学生的回答始终没有跳出《教材全解》的"掌心"。他们听到老师的问题，就连忙翻找"全解"，快速寻找答案。

教学仍在继续。但我的心里始终萦绕着一句话：孩子们，你们天天都这样当"搬运工"吗？

不由得想起程翔老师执教《伤仲永》时的一个细节。在翻译环节，一名学生翻译得很流畅，但程翔老师却打断了他。原来，那名学生课前把翻译书上的内容抄写在了课本上。课后，程翔老师说：课堂允许不完美，但是不允许不真实。

是的，课堂教学本质上是学生学习的过程，学生回答问题出现思维困顿很正常。正因困顿，才能暴露问题；也只有真实地、完全地暴露问题，老师才能相机点拨，学生才能有所提高。

课堂，一定要抛开资料，让学生不借助任何"拐杖"去思考问题，让问题在思考中从模糊到清晰。如果每次都把参考资料上的答案抄写在课本上，那只能掩盖学生认知的真实状况，导致课堂虚假化和肤浅化。

课堂，切莫被辅导资料绑架；学生，切莫去当"搬运工"。

为使学生不当"搬运工"，教师自己首先不要当"搬运工"。但仔细观察我们就会发现，很多教师在备课时也是把教参、教辅以及从网络上搜索到的和这一节课有关的内容都"搬到"教材上。翻看他的教材，你会发现，教材的边边角角都被他写得密密麻麻，小到字词的读音和解释，大到文章的时代背景和内涵。就这样，我们的课堂就形成了"师生照着教参、教辅'搬运'，老师没有自己的思考，学生更不会有自己的思考"的恶性循环。学习，就这样成为一个死记硬背、毫无趣味的过程。

  为了避免这种情况，教师在备课时，一定要潜入文本，静心阅读，从文章的字里行间读出教参、教辅上没有的内容；从文章的空白处，读出作者要表达的内涵；不仅要看懂文字承载着什么，还要明白文字的空白处流淌着什么。只有当"思考"代替了"搬运"，我们的课堂才能生长出自己的灵魂。

  《济南的冬天》是初中教材必选篇目，从教 20 年，我已经执教过很多次。当又一次执教这篇文章时，我摒弃了以前的认知，像第一次见到这篇文章一样阅读，试图从文中读出原来不曾读出的内容，读出一种新的感受。果然，读着读着，一个疑问跳入我的脑海：济南的冬天真的温暖如春吗？按说，济南和濮阳纬度差不多，气温不应该有太大的差别啊。

  带着这个疑问，我查阅资料寻求答案。最后，我终于知道，济南的冬天在现实中并不是温暖如春的，温暖如春的，只是老舍先生的感觉。原来，写这篇文章之前，老舍先生在伦敦教书，生活过得很困窘，以至于想回国时，竟拮据到只能买得起到新加坡的船票。后来几经周折，老舍去了齐鲁大学当教师，在这里，他遇到了他的妻子，长女舒济也在不久后出生。就这样，老舍先生在济南迎来了他生命中的春天，济南便因此变得特别温暖和安全。如此说来，文中的"济南的冬天"不是地理位置上的济南的冬天，而是老舍先生心目中的冬天。

  理清了这点，我异常兴奋。课堂上，我把问题抛给学生。听到我的问题，学生又习惯性地从辅导资料上查找，理所当然，他们失望了。此时，我微笑地看着他们，对他们说，这个问题教辅书上没有解释，这是我自己的思考，请大家也跟我一起思考。这时，他们才意识到，原来课堂还可以有自己的思考，课堂还可以有教辅之外的内容。

  文字是有灵魂的，但唤醒它，必须有自己的思考，有了思考，才能触摸到字里行间、空白处流淌的内容，聆听到文字发出的声音。

  教师，切莫忘记了思考；学生，切莫只当"搬运工"。师生都要用自己的思考，让课堂生发出属于自己的灵魂。

教育不能忽视细节

去听课，一个老师这样导课：

师：大家知道圆锥的体积公式吗？
生：知道。
师：谁能说一下？
生：底乘以高的三分之一，也就是1/3sh。
师：很好，关于圆锥的体积公式，我还有一个终生难忘的故事。那是我在上初中的时候，当时学习圆锥的体积公式，但是，很多学生就是爱忘记1/3，老师生气了，就说，谁要是再忘记了1/3，谁就给1/3磕个头。到了第二天，还是有学生忘记了，老师认认真真在黑板上写下1/3，然后让学生给1/3磕头，一边磕头一边说再也不会忘记了。事后，老师对学生说，今天，你给1/3磕了个头，等以后它会过来还礼的。多年过去了，我们也没有忘记1/3，我们取得了良好的成绩……

　　上课伊始，很多老师都会用故事开启一节课的旅程，故事确实能给学生带来启迪和智慧，但那天，听到那位老师讲述的故事，我想了很久也想不通老师讲述那个故事的目的是什么，不知道老师一再强调给数字磕头的用意在哪里。不仅不明白，我甚至觉得让学生给数字磕头是对学生人格的侮辱，是对生命的不敬。

　　课堂开始了，学生要听写生字词，听写完毕，老师要求学生把听写过的生字词交上去。这时，学生都拿起作业本把刚才书写的那一页撕下来。那张纸上，只写了"重荷、愁苦、深邃、踌躇、锁闭、磐石、含蓄、惹人注目"八个词语，大多数孩子只写了两行，只因为这两行，一张纸就要被撕下来。学生大多用的16开的本子，仅仅因为两行字就要撕掉整张纸，这是否有点太浪费了？

育人，在于细节；意识，需要培养。很多时候我们都在批判浪费的现象，但面对这种现象，教师能起到怎样的作用，这是我们每个人都应该深思的问题。

我当班主任时，学校每周都要发几页"一周工作简要"，说实话，这些"简要"看后基本都成了废纸，没有保存的价值。如何处理这些"废纸"呢？扔掉太可惜了吧！考虑一番，我便把这些废纸积攒起来。积攒几周后，把它们剪切成32开的小页子，如果有默写任务或其他简单的调查时，就统一发放给学生。这样做至少有三个好处：一是让这些废纸重新发挥了作用；二是避免了学生写一点东西就撕一大张纸的浪费现象；三是整齐的纸张更便于老师批阅和装订。其实最重要的，还是通过这个细节能培养学生的节约意识，并且有了珍惜纸张的具体方法。

除了节约纸张外，我还教育学生要珍惜每一滴水。每接一个新班，我都要带领学生到我家做客，当然，带学生去我家做客，也有我的教育目的——通过参观我家的厨房和卫生间改装的排水管培养学生的节水意识。我家的厨房和卫生间的排水管不是直接接到下水道，而是被拉出来放到了一个水桶里，学生看到，很是吃惊，忙问是否堵塞了。我摇头，说洗碗和洗脸的水排到水桶里，还可以用来拖地或者冲马桶。学生听了，都很吃惊……我就这样告诉学生，废水可以再次利用，我们可以这样节约每一滴水。

学生是正在成长中的人，浑身的毛孔都在张开着，吸收着从老师那里流淌过来的一点一滴，他看到了什么，就可能成为什么。所以，教师一定要谨慎对待每一个教育细节，让每个学生都能健康成长！

第三辑
捍卫课堂常识

◎随着新课程理念逐步深入人心,课堂上教师的教学行为和教学方式都有了很大的改变。但过与不及都不好,真理和错误往往就在一小步之间。微末决定成败,细节衡量效率,一些耐人咀嚼的细节的背后,蕴藏着教育教学的秘密与真谛。对某些细节的忽略,也许就是对教育教学艺术与奥秘的放弃,课堂常识,我们一定要捍卫。

研读文本是语文教师的第一项基本功

一说到语文教师的基本功,很多人想到的是普通话标准,朗读有感情;粉笔字漂亮,板书工整;能说会道,善于煽情……总之,语文老师的功力,似乎更多地表现在那张嘴巴上,他一张口别人就能知晓他是个语文教师。当然,一个人的语言能力能在一定程度上代表他的实力,一张口就能看出一个人的厚度,但如果仅仅有表演的功底,还不能算是最优秀的语文教师,最优秀的语文教师应该有一项别人一眼看不出的能力——研读教材的能力。

我不知道大多数语文老师会怎么安排自己的备课程序,是先读课文一遍、两遍、三四遍,不读出点自己的感觉不罢休呢?还是一边读课文,一边读教参,在教参的帮助下理解文本,把教参的解释搬到教案本上呢?如果不出意外的话,至少应该有一半教师属于后者吧?

到底要不要独立研读教材?独立研读教材是否在浪费时间?要回答这些问题,似乎还比较纠结。对于很多人来说,除了没有独立研读的意识外,也许最重要的还是他们不想经受研读这样的磨砺,读来读去似乎也没有读出点什么,还不如直接看教参省事。于是,教师就自觉地就着教参读起了课文。既然这样,独立研读教材是否就没有必要了呢?

针对这个问题,我们来听听余映潮老师怎么说。在《致语文教师》的《教材研读的创新》一文中,余老师这样说:"课文研读,是语文教师最基础、最常用、最必需的学习技法……课文研读的领悟程度,影响着教学设计的质量。""阅读教学要做的最基础、最细腻的工作,就是科学而又艺术地分析教材,教师的任务,就是把教材读'厚',把教材读'薄'。""课文研读是语文教师的第一功夫。语文教师的这种功夫,表现在能够读出课文的味道。语文教师必须精读语文教材。可以说,如果没有教师的精读,则一定没有精读的教读,没有生动的课堂交流。也可以说,有了教师的精读,才可能有精彩的教读,才可能为精彩的课堂教学奠定良好的基础。"

由此可以看出,教师独立研读课文是重要的。只是,我们很多时候没有研读的习惯和意识,或者说,我们还缺少研读课文的能力。为了快速完成备课任务,我们把自己从脑力劳动者变成了体力劳动者,做的多是"搬运工"的工作——把教学内容从教参或教辅上搬运到幻灯片上,搬运到课堂上。每当看着教师讲授的内容和教参一模一样时,我真的想问:一个教师,就真的等于许多本教参吗?如果每位学生都发一本教参,教师还有站在讲台上的必要吗?

2008年,我去郑东新区参加招教考试。在经过一关一关的面试笔试后,我进入讲课环节,但我拿到手里的是一篇怎样的课文啊?陌生的、从未见过的文章,没有作者,没有课后练习,没有课下注释,没有写作时代背景,当然更不会有教参教辅,就那么一篇单薄的文章,备课时间30分钟,讲课30分钟。那一刻,我能凭借的,只有自己的头脑。只有30分钟的时间,怎么办?我告诫自己:静下心,先把文章读三遍:第一遍粗读文章,大体了解文章写了什么;接下来细读一遍,看文章哪些段落是重点;最后再精读一遍,思考设计教学过程。那天上午,我就这样生生地啃了两篇文章。这样的备课,依靠的只能是实实在在的硬功夫,来不得一点虚假,来不得一点花架子。

教师,必须历练自己研读文本的能力。那么,到底应该怎么历练呢?郑桂华老师在《初中语文课堂教学的智慧和策略》一书中这样说:教师第一次接触一篇课文,最好是独立地完成阅读。这个步骤叫作自然状态的阅读。何谓自然状态的阅读呢?就是教师在没有任何辅助资料的情况下,以一个普通读者的视角完成对课文的阅读。自然状态注重的是教师的自我体验,避免被他人意见"先入为主"。[1] 钱梦龙老师说:语文教师自身的阅读能力是教读取得成效的先决条件。先把一切统统放开,完全以一名读者、欣赏者的身份,全身心地沉浸到文章里去。[2] 完成自然状态的阅读以

---

[1] 郑桂华. 初中语文课堂教学的智慧与策略 [M]. 北京:中国财政经济出版社,2009:4.
[2] 钱梦龙. 钱梦龙与导读艺术 [M]. 北京:北京师范大学出版社,2006:81—82.

后，接下来是以一名语文教师的身份重新审视课文，发现和确立教学的价值点。

郑桂华老师明确提出，语文教师要有两个阅读状态，一是自然状态下的阅读，二是语文教师的身份的阅读。而我们，很好地做到这两点了吗？

例如，《散步》是一篇语言精致的经典短文，作者莫怀戚用质朴的笔触描写了祖孙三代在田野散步的事情，事情虽然平淡，却写得很有温情，从散步这件小事中悟出生命的传承，亲情的珍贵，以及人生责任的重大，是典型的小中见大的作品。开头的第一段，莫怀戚这样说："我们在田野散步：我，我的母亲，我的妻子和儿子。"这段话交代了散步人员和散步地点，但除了这些，我们还能读出其他意思吗？或者换个角度思考，要交代地点和人员，就只能用这样的句式和词序来表达吗？是否可以换种表达，如"我和母亲以及妻儿一起去田野里散步"，或者"我们在田野散步：我的母亲，我，我的妻子和儿子"，或者"我们在田野散步：我、我的母亲、我的妻子和儿子"？以上这些语句都能陈述清楚一家四口三代人外出散步的情境。其中，"我的母亲，我，我的妻子和儿子"的顺序似乎更符合全家人的身份和地位啊？从标点符号方面来说，"我，我的母亲，我的妻子和儿子"这些并列词语之间直接用顿号不好吗？……这就是况味，这就是字里行间流淌的东西。细细品味，我们不难分析出，这段话中，作者用冒号提示"我们"是哪几个人，郑重其事地将"我们"四人逐一推出，每一个人的出场都那么重要，用逗号分隔开每个人的出场，延宕停顿的时间。将"我"排在四个人之首，传递出自己对这个家庭的责任感。两次用"我的"修饰，看似啰唆，实际是为了强调"我"与"母亲""妻子"之间的关系，强调"我"对她们的爱之切。另外，不用"妈妈"而用"母亲"这个称呼，也是运用书面语去突显庄重感。对文本，我们能做到这样的研读吗？

特级教师钱梦龙老师也说："我在每教一篇文章之前，总要反反复复地读，一直读到确实'品'出了味儿来，才决定怎么去教。"他认为，只有自己对文章有了体会、有了感情，才能通过适当的引导，把学生读文章的热情也"鼓"起来。[1]

---

[1] 钱梦龙.导读的艺术［M］.北京：人民教育出版社，1995：311.

语文教师，一定要在研读文本上下功夫，要认真阅读，独立思考，反复咀嚼，要真正弄懂课文的精髓所在，千万不能只借助现成的资料，进行教学参考书的"迁移"。自己的钻研所得，才有真切的体会，站在讲台上心里才踏实，讨论问题、剖析事理，才可以左右逢源。如果用的都是别人现成的结论，貌似快速，但因未经自己的认真推敲，未经自己的深思熟虑，教起来容易缺这少那，容易浮游无根，容易磕磕碰碰。当然，教学资料可以查阅，可以用来开阔思路，但这毕竟是第二位的，第一位的，还是教师自己的研读和开发。这样说来，语文教师的第一项基本功，就应该是"研读文本"。其他的诸如普通话、粉笔字等等，不仅仅是语文教师的基本功，也是所有教师的基本功。

语文活动要提高有效性和实效性

《义务教育语文课程标准（2011版）》明确提出：语文课程是实践性课程，应着重培养学生的语文实践能力，而培养这种能力的主要途径也应是语文实践。其中，有三个词很是重要：实践性课程、实践能力、语文实践。这句话点出了在语文课堂上，学生提高语文能力的主要方式是语文实践活动。

对于让学生"动起来"这个观点，很多教师都已经有了强烈的意识，并且大多有了改变。去看我们的课堂，课堂中心大多都已经从教师转移到了学生，"满堂灌"的现象基本消失。但是，是否不再出现"满堂灌"，我们的课堂就高效起来了呢？

看看我们课堂上所谓的学生活动吧。某天听了初一年级一节课——《小溪流的歌》。上课伊始，在处理完字词句后，老师提出要求：下面请同学们找出小溪流成长的四个阶段，找出描写小溪流在不同阶段的歌声特点的句子，然后小组交流。学生用几分钟时间在书上画出了表现小溪流歌声特点的句子："他用清亮的嗓子歌唱，山谷里不断响着的回声也是清脆的，叫人听了就会忘记疲劳和忧愁。""由小溪流长成的一条小河，高声地歌唱着。""一条大江低声吟唱着，不分时刻地向前奔流。""海洋翻腾起白色的泡沫，强烈地向着四方欢唱。"然后四人小组展开了热烈的交流。另一位老师讲授《散步》时，也曾这样开展活动。老师问：在这篇文章里，作者写了一件什么事情？学生回答：散步。老师问：谁和谁散步？学生回答：我，我母亲，我的妻子和儿子。老师再问：他们在哪里散步？学生回答：在田野上散步。老师又问：散步中，他们遇到了什么问题？学生回答：母亲要走大路，儿子要走小路。学习一篇游记，教师提出"这篇文章作者是谁""描写的什么地方""几个人同去的"等问题，学生对着课本进行回答。很多课堂上，我们的活动就是这样进行的。

　　细细分析，这是有效的实践活动吗？判断实践活动是否有效，一定要看在这个实践活动中，学生有多少思维含量参与。某些看上去非常活跃，学生的积极性很高，回答问题的正确率也很高的活动，其实就是在完成一件任务："寻找"——在文章中"寻找"需要的信息，并且是一眼就能看出来的信息。面对这样的环节，我唯一的疑问是：这样的活动中有思维参与吗？没有思维参与的活动能有效吗？余映潮老师曾说："没有多少思考的成分、欣赏的成分和探究的成分，在学生阅读分析能力和思维能力的训练上就显得'浅易'，就欠缺应有的深度和力度。"他认为，"学生活动充分"，指的是在教师的指导下，学生在充分占有时间的前提下进行的学习语言、习得技巧、发展能力、训练思维的学习实践活动。反之，那些简单的应答活动，零碎的朗读活动，以个别或几个学生为主的活动，极短促地给学生一分钟、半分钟的答题活动，以形成教师板书设计为目的的析读活动，做练习对答案的活动都不是真正意义上的活动。①

　　那么，什么样的活动才是真正意义上的实践活动呢？

　　针对这个问题，余映潮老师提出了几种主体性的课中活动：学生活动时间较长的层次清晰的朗读活动；学生独立进行的积累资料处理信息的语言学习活动；学生活动比较充分的处理手法比较细腻的品析活动；学生占有较长时间的目标较为明确的课堂交流与交际活动；学生有成"块"的时间来进行想象、研究或创造的活动。余老师又详细举了例子。在讲授冰心的《纸船》时，余老师设计了这样的朗读过程：第一步，请同学们用"温婉的调子"朗读这首诗；第二步，请同学们带着"水一样的柔情"进行朗读；第三步，请大家带着金子般的童心读出作者对母亲的思念之情。这个朗读设计，有序地推进了朗读层次，从第一步起就切入作品的艺术风格，将学生引入优美动人的诗情之中，让学生在反复咏叹中一步步走进文本。比起我们平日里无层次、无要求的朗读，这样的朗读是否更有效？

　　同样，钱梦龙老师讲授《愚公移山》时有这样一段问答。老师问：愚公和智叟都是老头子，那么，那个遗男几岁了？学生回答：七八岁。老师

---

① 余映潮.致语文教师[M].上海：华东师范大学出版社，2013：56，57，107.

问学生是怎么知道的，学生回答由"龀"字知道的。老师又问，这个年纪的小孩子跟老愚公一起去移山，他爸爸肯让他去吗？学生一时不能回答，稍一思考，七嘴八舌地说：他没有爸爸。老师问他们怎么知道的，学生说：他是寡妇的儿子，孀妻就是寡妇，他还是个遗男，遗男就是孤儿的意思。这个过程尽管貌似只有简单的问答，但实则在简单的问答中，蕴含着一定的智慧。在这个环节中，学生在回答老师的问题时不仅是寻找答案，而且必须有思考。见到问题后，他们的脑子必须"转一转"才能知道答案，因为要回答问题，首先要知道"龀""孀妻""遗男"等词语的意思。有了这样的"转一转"，学生的思维就活动了起来，而有了思维的参与，活动才是有效的。

    课堂教学的目的是为了让学生有所收获，而要想让学生有所收获，每一个活动都应该真正落到实处。所以在进行活动设计时，我们首先应该问：这个活动有效吗？还有没有更好的方法进行？如果多一些这样的发问，我们的活动是否会就少很多过场，多很多收获呢？

教师要有质疑意识

阅读陈大伟教授的《教育案例写作与研究》，书中记录了一个妈妈对人教版二年级下册中一篇文章的质疑，现把教材中的文章以及妈妈的质疑摘录如下。

教材摘录：

三个儿子

三个妈妈在井边打水，一位老爷爷坐在旁边的石头上休息。

一个妈妈说："我的儿子既聪明又有力气，谁也比不过他。"

又一个妈妈说："我的儿子唱起歌来好听极了，谁都没有他那样的好嗓子。"

另一个妈妈什么也没说。

那两个妈妈问她："你怎么不说说你的儿子呀？"

这个妈妈说："有什么可说的，他没有什么特别的地方。"

三个妈妈打了水，拎着水桶回家去，老爷爷跟在她们后边慢慢地走着。

一桶水可重啦！水直晃荡，三个妈妈走走停停，胳膊都痛了，腰也酸了。

这时，迎面跑来三个孩子。一个孩子翻着跟头，像车轮在转，真好看！三个妈妈被他迷住了。

一个孩子唱着歌，歌声真好听。

另一个孩子跑到妈妈跟前，接过妈妈手里沉甸甸的水桶，提着走了。

一个妈妈问老爷爷："看见了吗？这就是我们的三个儿子。怎么样啊？"

"三个儿子?"老爷爷说,"不对吧,我可只看见一个儿子。"

妈妈的质疑:

挑刺小学语文课文:三个孩子都棒,为啥只看到一个?

"只有帮妈妈干活才是好儿子?"昨天,家住渝北区龙溪镇的学生家长刘女士致电,质疑小学一篇课文,称其"导向不正确,忽略孩子的不同个性和特长"。

刘女士告诉记者,她在辅导上小学二年级的儿子做功课时,看到语文课本里的《三个儿子》,心里很不是滋味。

"帮妈妈提水的儿子和给妈妈翻跟头和唱歌的儿子一样,都是给妈妈带来快乐的儿子,本身是没有任何对比性的。教材中的描述,不知是想告诉小朋友什么。"刘女士说。

她认为,如果人们的评价都如那个老人一样——只有帮妈妈提水的才是好孩子,那么另两个用自己的本事让妈妈开心的儿子一定会很委屈,这会给孩子一个很不好的导向。

"对于七八岁的孩子,提一大桶水完全是超过他们的能力了。"刘女士说,"只要发挥自己的能力和特长,为妈妈做力所能及的事,就应该是最棒的孩子。"①

读了这个案例,我很佩服这位妈妈,不由得又一次自问:我有质疑精神吗?如果我教这篇课文,我能意识到这个问题吗?在之后的阅读中,我一次次调整自己的思维,一次次跳出常规意识:是啊,为什么面对教材我们只会认同呢?

这是一种思维意识,或者说是一种文化意识,我们的骨子里根深蒂固的就是"认同"思维:小时候,家长是权威,我们必须认同,不能说不,不敢说不,否则就是"逆子";上学了,要听老师的话,要遵循课本上的教导,不止一个教师说,当其他资料上的内容和课本相冲突时,要以课本为准……有了这个可以"为准"的课本,我们根本不需辨析,也不再需要思考,这样就形成了一种思维定势:凡是老师说的,就是正确的;凡是书

---

① 陈大伟.教育案例写作与研究[M].北京:教育科学出版社,2012:217—218.

上写的，就是正确的。

尽管我们也有过逆反，但绝对没有达到质疑课本的程度。在这样一种顺从的意识常态下，我们逐渐长大了，似乎从来没有过对课本的怀疑——至少我是。

第一次对书本产生质疑，还是在看到林格的《教育是没有用的》一书时。初看到它的名字，我就很疑惑：教育怎么会是没有用的呢？要真是这样的话，社会不退回到原始社会了吗？在这样一种质疑的心态下，我购买并阅读了这本书。阅读完毕，我长舒了一口气：原来，这只是林格先生看教育的一个极端方面而已。从那以后，我才有了些微的质疑精神和批判意识。

是的，任何一本书都超越不了作者生活经历的局限，也超越不了作者所处的时代的局限。既然作者都有局限，那么作品有局限也就在所难免了。所以，教师应有自己的思辨意识和质疑精神，绝不能对什么都顶礼膜拜。但很多时候，我们缺少的恰恰是这种意识和精神。郑州教师彭帮怀发现新版的人教版七年级上册语文课本中有30多处错误的事情众所周知，但为什么只有彭老师一个人指了出来？是我们真的没有发现，还是我们缺乏质疑精神？答案不言自明。其实，出错的不只是语文教科书，据说，高中历史教材中张作霖照片并非张本人；屈原、祖冲之的衣襟被指穿反；战国时期的孙膑坐上轮椅；荀子坐凳子读纸质书；韩愈的生卒年被搞错，只活了15年；……

说起这些，大家可能会觉得好笑，似乎这样的错误太低级了，就像演电影穿了帮一般，但是，在没有人指出来之前，我们是否也在一味地认同？

这样说来，教材并不是万无一失的，特别是语文教材。因为语文教材负有"文以载道"的职责，会更多地涉及价值观和人生观问题，为了表达特定的人生观和价值观，编者可能会不同程度、不同角度地去剪裁原来的文章，在这一过程中，就有可能对原著产生不同程度的伤害。《收获》杂志副编审叶开先生写了一本《对抗语文——让孩子读到世界上最好的文字》，这本书的序言就是《小学语文教材应有的底线》。看过叶开先生这本书，我们会有更多的质疑和思考，我们会重新审视我们的语文教材，我们会强烈地意识到：教材原来还有这么多的缺失。

鄂教版小学一年级语文教材中有一篇课文《李子核》，说的是一位叫瓦尼亚的孩子，看到妈妈买了一些李子放在盘子里，十分诱人。瓦尼亚很想吃，但又怕有人看见，于是趁人不注意时抓住一个李子飞快地塞进了嘴里。妈妈心里其实很清楚，她知道瓦尼亚偷偷吃了一个李子，为了培养瓦尼亚诚实的品质，妈妈说了一句谎言："吃了一个李子不要紧，可是李子里面有核，要是不会吃，把核也吞下去，那就危险啦。"妈妈的话把瓦尼亚吓坏了，他连忙告诉妈妈，自己没有把李子核吃进肚子里，而是扔到窗外了。

这个故事的目的是教育孩子要诚实，但为了教育孩子诚实，妈妈却先撒了谎，这样的教育难道不值得质疑吗？

是啊，我们的课本中有很多值得质疑的地方。正如《三个儿子》这篇课文，为什么只有帮妈妈提水的儿子才是儿子呢？为什么唱歌好、翻跟头好的儿子就不被人看到呢？再者，孩子七八岁，妈妈也不至于年老体衰吧，如果是您的儿子，您是愿意让儿子帮您提水还是愿意看到儿子尽情地舞蹈和歌唱？

也许，您觉得这样的辩解有些牵强，但是，如果您站在一个母亲的角度上来看，当七八岁的孩子颤颤巍巍地提起一桶水时，您会有怎样的心理呢？这样，我们可能会更容易理解那位妈妈的质疑，我们可能也会发出同样的疑问。

教师，一定要有质疑精神，要让思考多一个向度，只有教师有了更为灵活的思维，才能引导与我们朝夕相处的学生形成灵活的思维，否则他们长大后可能仍然是我们的复制品。

小链接

陈大伟教授对《爸爸的花儿落了》中父亲打女儿一段的质疑[①]

在读出自己的时候，我是不赞成文中父亲的行为的。就文字内容看：第一，孩子毕竟是孩子，预先没有提醒和教育手段（上课过程中，就有一位学生提出这样的问题："父亲已经在吃早点了，知道女儿要迟到了，为什么不来叫醒？"），这是在"不教而诛"。其次，就算要打，得一个教训也就行了，为什么非得"抄起鸡毛掸子倒转来拿，藤鞭子在空中一抡，就发出咻咻的声音"，以致"那一条条鼓起的鞭痕，是红的，而且发着热"。

---

① 陈大伟. 教育案例写作与研究［M］. 北京：教育科学出版社，2012：24—26.

在教育活动中，我并不反对惩罚，但不能为惩罚而惩罚。就惩罚的目的，我以为是让孩子知道生活中有规范，有惩罚，不能为所欲为；另一方面是让孩子知道需要对自己的行为承担责任，从而恰当地行使自己的自由权利，规范自己的外在行为。而且惩罚的对象应该是行为，不应该是小孩。同时，在惩罚以后还要沟通和交流，使受惩罚者明白为什么被惩罚，因为惩罚本身并不是目的，目的在于教育和改变。

从学生的角度看，如果我是学生，我从文本中最容易接受的东西是什么？是父亲的打也是一种爱。我以为，这也不能简单接受。毕竟我们的学生已经生活在当代，而且还要生活在未来。联合国于1989年通过的《儿童权利公约》（中国政府于1992年批准加入该公约）提出了一个基本原则："对人类家庭所有成员的固有尊严及其平等和不移的权利的承认，乃是世界自由、正义与和平的基础。为了充分而和谐地发展其个性，儿童应该在家庭环境里，在幸福、爱抚和理解的气氛中成长。"该公约第二条第二款指出："缔约国应采取一切适当措施确保儿童得到保护，不应该基于儿童父母、法定监护人或家庭成员的身份、活动、所表达的观点或信仰而受到一切形式的歧视或惩罚。"

……

于是准备带着枷锁跳舞。立足于从更深层次理解父亲打孩子的行为，我搜集了毕淑敏的《孩子，我为什么打你》（它提供和揭示了父母"打"与"不打"的困境，表达了父母选择打孩子的无奈和痛苦）准备让学生们阅读。同时，我找寻了电影《刮痧》的相关资料，我想让学生们知道：世界上还有这样一种尊重孩子的文化，孩子应该受到保护；今后当了父母，也要对孩子有这样的保护意识和行为。

……

由此再想，用这一文本做小学教材是否合适？这里作者写的是"旧事"，而且主要是怀念父亲，这样的文本成人读一读，我们可以用自己的经历读出味道，但作为教材给小学生读，会不会让学生得出"只要是爱，打也是可以接受的"这样的观念，从而在父权（甚至可以说是家庭暴力）下放弃权利当顺民？当老师的，经常接触这样的文本，会不会也觉得"只要我出于爱学生，让学生今后成材的动机，手段上强一点也没有关系"？这样想一想，不禁为自己没有拒绝教这样的文章而后悔。

阅读，要选择合适的方式

课堂上，经常听老师这样说："请大家以自己喜欢的方式读课文。"老师们之所以喜欢用这句话，是因为这句话突显了学生的主体地位：学生有选择权，喜欢以什么样的方式读书就可以采用什么样的方式去读，这样的课堂是民主的课堂。

但如果细细分析一下，就知道这句话包含着不科学的因素：读书方式之间是否有区别？在某一特定环节，所有的读书方式都适合吗？或者说，在众多的读书方式中，某一特定环节是否有最合适的读书方式？

课堂上，我们一般采用朗读、默读、齐读、分角色朗读、配乐朗读等读书方式。尽管这都是在读书，但因为不同的方式有不同的参与器官和不同的呈现形式，达到的目的或者最大的收获也就不尽相同，这样说来，在不同的环节，还是应该有最适合的读书方式，而不是学生喜欢怎么读就去怎么读。

对于初次接触文本的学生来说，最适合的方式应该是默读。因为默读只调动视觉器官与思维器官，速度较快，更能满足学生快速了解文本的愿望，并且默读的速度和节奏不受其他人的影响，适合一边读书一边思考，如果遇到了模糊的地方，可以重新回到上文去寻找信息，还可以在重点或者艰涩的地方反复回顾思考。所以，初次接触文本时，默读应该是比较合适的方式，教师应给足时间让学生自由读课文。同样，细细品味某些词语或者语句时，也适合用默读的方式，因为默读没有固定的节奏和速度，有助于学生选择合适的速度去思考，有时候，表面的沉静并不代表思维的沉静，静水流深，说的也很有道理。

出声朗读要调用眼、口、耳等多种器官，语言文字通过多种感觉器官作用于大脑。朗读能发展学生的口头语言能力，加强对课文的理解和感受，并且，在朗读的过程中，读者能再次深入文本，体味语言的韵味，体会文中语言文字运用的奥妙之处。通过反复朗读，可以在读中理解，在读中感悟，是对文章的又一次升华。也就是说，出声朗读的过程，是先出于口，再入于耳，然后了然于心的过程。如果读多了，读顺了，读熟了，书面语言转换为口头语言，就能既入耳又入心。所以，出声朗读适合在大致了解文本之后，需要进一步具体把握文章之时，既可以作为进一步揣摩语言的手段，也可以作为对文本把握的一种反馈。

分角色朗读应该在学生理解全文、充分把握文章情感之后，老师可以指导学生有感情地分角色朗读课文，因为只有充分把握文章的情感，学生才能更好地揣摩不同角色的性格和态度，把对不同角色的理解转化为不同的语气和语调，用不同的声音表达自己对文本的理解。

当学生充分把握文章情感之后，需要渲染气氛、推波助澜时宜用配乐朗读。音乐的介入，是为了借助于音乐更好地抒发情感，如果对情感没有深入的把握，音乐又有什么作用呢？

至于齐读，这种方式能让所有的学生参与到朗读中来，对于那些没有朗读习惯或者羞于开口朗读的学生来说是个较好的锻炼机会。有时候，齐读还可以作为课堂组织的一种方式，因为毕竟那么多的声音，那么强的气势，可以烘托气氛，提醒某些注意力不集中的学生。但我们也应该看到齐读的不足，因为齐读时，学生的注意力容易放在追随共同的节奏上面，从而放弃了自己的抑扬顿挫，所以对于齐读还是应该慎用。

不同的读书方式既然有这些区别，那么，课堂上，我们还是应该根据不同的进程，选择最适合的方式。让我们把"选择你喜欢的方式"换成某种具体的、合适的方式来读书吧。

小链接

余映潮老师执教《我愿意是急流》的朗读指导[①]

师：好，下面就由我们自己来朗读了。读，也要读三遍。第一遍，读

[①] 余映潮.听余映潮老师讲课［M］.上海：华东师范大学出版社，2006：88—89.

的要求是：把握整体，读准语音（大屏幕显示）。老师先示范第一段（范读第一段）。读的时候语音要饱满、圆润，每一个字读出来都带有情感，也就是说，"未成曲调先有情"，而不是泛泛地读。下面大家就开始自己读一遍。

（生各自朗读。）

师：请看第二遍读的要求：重在体味情感，注意语速（大屏幕显示）。培根说："读诗使人聪慧。"怎样理解这"聪慧"二字呢？就是说读诗需要我们用自己的情感对诗的语言进行再表达，这就要注意节奏、停顿、快慢的问题。读懂了诗，就能够通过节奏、停顿和快慢把它的情感表达出来。下面我示范一节。看第三节。（范读第三节）这个节奏就不是很快，要稍稍舒缓一点，同时注意有的地方恰当地停顿。好，同学们自己再体味一遍，自己从头开始轻声阅读。

（生各自朗读。）

师：好，请看第三遍朗读的要求：重在进入情境，注意把握好语气（大屏幕显示）。读的要求是抒情化、个性化。特别注意"个性化"三个字，就是伴随着你自己对诗的体会、你自己的性情，你认为该怎么读就怎么读。这首诗在电影《人到中年》里面被引用过，当时的朗读是作为主人公的一种内心独白，它的声调很小，很轻。但是有的朗诵家在朗读的时候表现出自己张扬的个性，是用激情来朗诵这首诗的。那么，各位同学就可以根据自己的体会，要么就把它读成内心独白的，要么就好像讲给别人听的，要么就大声地朗读。再试一次，开始。

（生各自朗读。）

师：咱们来试一下。把第三节处理成内心独白式的朗读。该怎么读呢？声音要小。（教师范读两句）这是内心独白式的朗读，把这一节试一下。

（生齐读第三节。）

师：好，再激情飞扬地读第五节。（教师范读两句）请开始读。

（生齐读第五节。）

师：好，下面咱们就来配乐齐读一遍。（播放音乐）

（生齐读全诗。）

师：这一次大家进入了诗的情境！最后一句还有一点小小的技巧，有一个颤音要读出来。这个很难读。（教师范读"显出鲜艳的辉煌"这一句。）这样颤一下，结尾就漂亮了。（生笑）

评价朗读的标准是什么

去听一节小学语文课《浅水洼里的小鱼》，课堂上，老师布置了分角色朗读的任务，要求朗读时加上合理想象，把小男孩的动作表演出来。

不知是否因为有表演的原因，孩子们显得特别兴奋，表现很活跃。在一番热闹的练读之后，小组开始登台展示了。第一个小组展示完，老师让学生评价读得好不好，孩子们大多摇头。说实话，第一组的朗读确实不太好，基本是拖着长音在唱读。但当老师请学生具体点评时，学生只是评价"他们没有带动作"，对"唱读"这一现象没有任何评价。此时，老师又请另一小组展示，这个小组朗读得较好，特别是其中朗读小男孩角色的学生，当他读到最后一段时，一边朗读，一边模拟弯腰捡起一条小鱼用力地扔回大海的动作。由于这位学生要模仿"弯腰""捡鱼"然后再"扔回大海"等一系列的动作，所以他朗读的速度明显缓慢下来，这一缓慢，感觉来了，词语与词语之间似乎有了律动，有了韵味，这就是朗读的节奏。你听，他在读："这条在乎……这条也在乎……还有这一条……这一条……这一条……"朗读结束，孩子们争着举手点评，都夸奖这位学生读得好，但原因却是"加上了动作"。

对于学生的评价，老师给予了认可，并对加动作的学生提出表扬，学生因为受到老师的表扬而高兴，老师因为学生朗读效果理想而高兴，至此，这一环节结束，课堂转入下一环节。

针对这一环节，评课时我提出一个疑问：被表扬的学生真的只是动作加得好吗？他朗读得好，是否有比加动作更重要的原因？

不能否认，低年级学生爱动、善模仿，抓住时机让学生在表演中身临其境，能更好地感受作品，也有助于与作品中的人物产生情感共鸣。但是,只用是否"添加了动作"来评价朗读的优劣,这一标准还值得商榷。朗读是通过声音传情达意、表达自己理解的一种方式,新课程标准对朗读的要求是:"能用普通话正确、流利、有感情地朗读课文,是朗读的总要求……评价学生的朗读,应注意考察对内容的理解,可从语音、语调和情感表达等方面进行综合考察。"可见,对朗读的要求是"用普通话""正确""流利""有感情",要从"语音、语调和情感表达等方面"来进行评价。也就是说,对于朗读的评价应该以声音的传递为主,声音的轻重缓急、语调的抑扬顿挫等都是评价的标准。当然,我们不能否认,当朗读到情感迸发之处,当内心有一股强大的力量在冲击自己,致使只用声音不能表达情感之时,朗读者可能会把这种力量通过肢体动作表达出来。也就是说,朗读时肢体动作的添加是为了更好地表达情感,是情感由内而外自然地释放,如果不是情感使然,只是为了动作而去添加动作,这样的动作绝对是做作。

从以上角度说,尽管这个学生进行了适当的表演,但他最成功之处仍然是他随着表演进行的朗读,当他一边做出弯腰捡鱼状一边要把鱼送回身后的"大海"时,他的声音低了些,他的语调缓了些:"这条在乎……这条也在乎……还有这一条……这一条……这一条……"

也许,小男孩是为了和动作相吻合才有了这样的朗读节奏,如果没有添加动作,他可能也不会有这样的节奏,那么,这个时候老师该怎么引领?是否可以让学生忽略表演者的动作,而只关注他的声音?是否可以试着让学生闭上眼睛,只聆听朗读者的声音,关注他的朗读节奏,然后告诉孩子们,即使去掉了动作,他的朗读也仍然是最合适的?

朗读评价,切莫本末倒置,"用普通话、正确、流利、有感情",才是朗读的评价标准。

"到哪里"永远比"怎么到"重要

有一段时间，我们的语文课堂走过一段弯路：上公开课，首先想的是教师该如何展示，该用什么"花招"吸引学生和观摩的教师。一时间，各种"新颖"的教学方式在课堂上铺展开来：音乐导课、歌曲抒情、脱离实际当导游或导演、课件展示……课堂被声光电笼罩，被娱乐喧哗覆盖。好在，随着课改的深入，我们多了理性的思考：有着太多"花招"的课真的是好课吗？它是否距离真正的语文课越来越远了呢？有了这种疑惑，我们的脚步慢了下来，试图回归原点教语文。

但紧接着，课堂模式改革和探索如同雨后春笋般蓬勃生长起来，语文教学的课堂结构又一次发生了较大的改变，"自主学习、小组合作、探究质疑、展示汇报"成为主要教学流程。除了课堂结构，课堂形式也有了很大的变化，有的学校把课桌围起来，让学生面对面地坐在一起；有的学校把讲台敲掉，四周的墙都装上了黑板，便于学生展示……这样的安排，确实方便学生讨论、合作和展示，也促使教师从"表演者"的位置退下来，把课堂、讲台还给学生，让学生成为课堂的主人。但走进课堂我们就会发现，很多时候，理想和现实往往相差甚远。

不是吗？课堂上，很多时候，学生的讨论是假讨论，合作是假合作，课堂看似繁荣，却也是假繁荣。细细分析，之所以出现这种情况是因为交流、讨论、合作的内容没有价值和必要。但在教师的潜意识里，没有合作交流的课就不是新课程标准下的好课，所以不管问题是否有交流的必要，不管问题是否只有通过讨论才能解决，课堂上必须组织学生讨论探究。于是乎，语文课上人声鼎沸，一阵喧哗。

这样的教学方式，真的合适吗？

我们能感觉到，这样的教学方式不合适，但具体哪里不合适，问题出在了哪里，且听上海师范大学王荣生教授的看法。王教授说："合宜的教学内容是一堂好课的最低标准。"看到这句话，我们是否能恍然大悟：原来，没有合宜的教学内容，无论教学形式如何变革，课堂都不可能高效。

一次，听一位教师讲授《故乡》，教学重点是分析杨二嫂和闰土两个人物形象，他采用的教学方式很先进——自主学习、合作探究、小组汇报，再加上有"小红花"作为奖励一类的激励措施，课堂煞是热闹，学生很是兴奋。但十几分钟后，我发现学生大多采用的是贴标签的方式，干巴巴地说出几个词语，无外乎中年闰土"麻木迟钝"，杨二嫂"尖酸刻薄"，就这样，鲁迅先生的文字被风干得只剩下了两个词语。观摩了这节课，我不禁哑然，总觉得这样的方式不合适。

当我执教《故乡》时，我没有采用小组合作和汇报交流的先进教学方式，而是用传统教学方式，引导学生从说话的句式、说话内容、说话时机以及话语中的标点符号四个方面分析少年闰土和中年闰土的语言。在这种引导下，学生安安静静地触摸文字，倾听字里行间流淌的声音，品读文字空白处蕴含的意味。这个过程，是沉潜的过程、浸润的过程，是把文字读厚、读实、读活以至于能读出言外之意、弦外之音的过程。几分钟后，有学生站起来分析："从句式上说，少年闰土说话时多用长句，多则100多字，少则40几字；中年闰土说话时多用短句，一般仅有20几个字，最长的一句话，尽管也有七八十个字，但中间用了四处省略号，可见说话断断续续，尽管句子较长，但仍属于短句。从内容上说，少年闰土的谈话涉及冬日雪地捕鸟、夏日海边捡贝、晚上瓜地刺猹、跳鱼儿有青蛙似的两个脚等等；而中年闰土，无外乎客套、寒暄，责怪自己小时候不懂事，再就是倾诉生活中的不如意。从说话时机上来说，少年闰土说话总是在'我'还没有从上一个话题中回味过来的时候，又开始了新的话题；而中年闰土总是在'我'或者母亲的询问下才说出几个断断续续的词语。从标点符号上来说，少年闰土的话语中多用逗号，表明语言一直在流畅地进行；中年闰土的话语中多用省略号，表明中年闰土无话可说……"

有了以上分析，少年闰土和中年闰土的对比就显而易见了：原来那个见多识广、活泼可爱、机智勇敢、聪明能干、心地善良、富有生命张力和活力的鲜活生命，变成了一个麻木迟钝、寡言少语、没有感受力、没有思想力、没有表现力、丧失了生命活力的木偶。

同样，对于杨二嫂的描写，我引导学生用"还原法"和"比较法"品味杨二嫂的语言和动作。通过分析，学生忽然得出一个结论：原来，鲁迅先生刻画了一个"让男人不像男人，让女人不像女人"的时代。

这些是学生从字里行间感悟出来的，是学生在对语言再三触摸、反复品咂之后感受到的。相信这样的学习绝对不只是解释，不只是说明，不只是记住了几个词语。这样的学习应该是一种心灵的润泽，是一次难忘的充沛的情感经历。这样学习之后对文本的理解，必将进入学生的心灵深处。这些收获不是依靠新颖的教学方式，而是依靠合宜的教学内容。

如果我们继续追问下去，为什么那么多教师只关注教学方式的改革而不关注教学内容的深入？其实，原因也很简单：教师没有在文本细读方面下功夫，没有下功夫，就欠缺独特的见解和底蕴，只是把教参上的资料搬到课堂上而已，再加上现在学生基本都人手一册教辅资料，所以教师只能组织一些"花样"，讲究一些"技巧"了，否则教师一提问题，学生马上就能从辅导资料上找出答案，这样的课堂还有什么意思？

对于教参上没有而文本中蕴含的意味，教师真舍得下功夫去读去查阅资料吗？不，好多老师做不到。例如，在朱自清的《背影》中，行动不便的父亲为什么要坚持自己买橘而不让年轻利落的"我"去？教师是否要把"橘"在南方人心目中的象征意义讲清楚？当告诉学生，在南方，"橘"的谐音是"吉"，"送橘"代表着"送吉"，并且这"吉"只能"送"而不能自己买时，学生是否就能对父爱多一层理解？但听了很多课，很少有教师讲到这点。在《济南的冬天》中，如果学生提出疑问：自然条件下济南的冬天真的温暖如春吗？教师该怎么解释自然条件下济南的冬天并不温暖，而在老舍笔下却偏偏温暖如春呢？这个问题也很少有教师讲到。此中原因也很简单：教参上没有说明。当教师成了教参的奴隶的时候，他就成了一个从"教参"到"黑板"的"搬运工"，一个只当"搬运工"的教师，哪里有让课堂丰富丰盈的底蕴？没有底蕴的课堂，只能组织学生讨论探究。其实，这个时候，教师组织讨论，表面上是在实施新课程理念，实则是在给自己的"不作为"找个借口。

教育是科学，更是艺术，科学和艺术绝对不能被简化为"方法、技巧和手段"。如果能够那样简化，教师就绝对要成为技术工人。当然，教育也要讲究一些方法和技巧,而这些方法和技巧务必要建立在深厚的"内功"基础之上,务必建立在合适的教学内容之上。

课堂上,方法仅仅是策略,教学内容才是根本。这正如"往哪里走"永远要比"怎么走"更重要。

课堂切莫滑向另一个极端

随着新课程理念的深入,很多教师都意识到课堂要以学生为中心,课堂中心的转移,体现了教师理念上的改进。可是,当我们一边谈论着"以人为本""以生为本",一边沉浸在学生热热闹闹地学、热热闹闹地讨论、热热闹闹地交流汇报的课堂中时,我忽然意识到:我们的课堂正从一个极端滑向另一个极端——从"以教师为中心"滑向"教师不作为",由一个无声的极端走向了另一个无意义的噪声的极端。

近几年,很多学校都积极探索各种课堂教学模式,都在尽最大能力实现课堂中心的转移。为此,很多学校都以"导学案"为抓手,通过"导学案"上的书面语给出各种指令:个人自学、小组合作交流、全班探究展示,等等。在这一过程中,教师就是一个主持人,在环节与环节之间客串一把、过渡一下,把课堂全部交给了学生。这样的课堂,确实锻炼了学生的自学能力,再加上有小组合作交流、全班合作探究等一系列活动,似乎所有的问题都能够解决,而学生的学习力也真的提高了很多。

但如果认真观察一下,你就会发现这样的课堂上学生的思维始终不能深入,学习内容浅表化,课堂繁荣虚假化。很多时候,一个小结就困住了学生,无论怎么努力都突破不了。而教师只是在讲台一角站着、看着、笑着、点头称赞着、夸奖着或者用煽情、"贿赂"的方式组织小组讨论评价,却唯独忘记了应该从专业知识方面进行一句适时的点拨。看着这样的课堂,我忽然感到一种莫名的悲哀。

诚然,教师是课堂的策划者和组织者,课堂应该以学生为中心。为达到本节课的学习目标,教师需要在课前对文本精心研读,认真策划,设计出"导学案",但教师仅仅是课堂的策划者和组织者吗?

不，除了组织者和策划者，教师更应是课堂的参与者、指导者、引领者，教师要参与学生的所有活动，在活动中发现问题，及时指导，指导学生从此岸到达彼岸，引领学生从不会到学会，让学生因老师的存在而有切实的提高。学习过程是探究、生成的过程，是不断生疑、解疑的过程，在此过程中，学生难免会遇到障碍，思维陷入困顿，思路陷入停滞，此时，教师就要运用本体性知识，从学术高度进行点拨、引导，化繁为简，化难为易，启发学生思考探究，找出解决问题的方法和途径，从而让学生有所突破，达到一个新的高度，让学生上不上这节课有所差别。这才是教育的真正意义所在。

苏霍姆林斯基先生在《给教师的建议》中有这样一段话："有些人认为，要建立师生之间的友谊，只要带领儿童去参观旅行，跟他们一起坐在篝火旁烤土豆吃，跟他们一起分享欢乐就行了。顺便指出，有些人认为，学习也是一种很快乐的事。这些看法都是很错误的。建立跟儿童的友谊，这是要用我们的力量、我们的思考、我们的明智、我们的信念和我们的情操去鼓舞儿童的思想和情感的事。"他认为，师生之间建立友谊，尚且不能只是简单地分享欢乐，或者一起游戏玩耍，还需用"我们的力量、我们的思考、我们的明智、我们的信念和我们的情操去鼓舞儿童"，更何况是我们极具专业性的课堂呢？可现在在很多的课堂上，教师作为一个指导者和引领者的作用却有很大缺失，教师不敢讲，不能讲，不知道当讲不当讲。

是的，老师不能多讲。为了限制老师多讲，某校竟让语文教师去上数学课。事后，该校校长介绍：开展这样的课堂展示就是为了强调课堂要以学生为本，教师要充分相信学生的能力，要让位于学生，即使教师没有本体性知识，通过组织学生自学和交流讨论也能圆满地学习一个章节。这个学校引以为豪的地方在于：我们真正把课堂还给了学生，语文老师可以上数学课……

每当看到这样的课堂，听到这样的言论，我总是不寒而栗：如果真是这样，那不就等于从另一个侧面说明教师没有存在的必要和价值了吗？

不是否认学生在课堂中的地位，不是否认学生是学习的"主人"，课堂上，教师的确要让位于学生，但任何事情都有度，让位也是如此，教师千万不能矫枉过正，从"一言堂"滑向"不作为"，从"事无巨细地讲解"

滑向"一味地肯定和表扬",让学生"想怎么学就怎么学""想和谁交流就和谁交流",且美其名曰"新课程理念"。要知道,教师的基本职责就是站在学生的起点上,设疑、解惑、启发、引导,引领学生从无知走向有知,从幼稚走向成熟,就这点来说,教师永远是平等中的首席。

这样说来,我们既反对教师"牵"着学生走,也反对教师"跟"着学生走,"看"着学生走,因为教师不仅是学生学习的组织者、策划者,更是指导者、引领者、参与者,是平等中的首席。

课堂,切莫滑向另一个极端。

当讲则讲，当不讲则不讲

课改实施以来，教师的教育教学理念都有了较大的转变，都意识到课堂要从"以教师为中心"转到"以学生为中心"。尽管理念上有了转变，但在实际课堂上，很多教师又被另一个问题困扰：以学生为中心的课堂到底应该怎么上？讲吧，唯恐陷入"教学思想老套，只会满堂灌"的指责中；不讲吧，又唯恐没说清没说明，学生无甚收获。就这样前怕狼后怕虎，丢了旧鞋子，又找不到新鞋子。

课堂上，教师到底讲还是不讲？那天，当我观摩了一节历史课后，这个困扰我多日的问题豁然开朗了。

那是一节初一历史课，课题是"钢铁长城"。上课伊始，教师安排学生自学和交流。在自学环节，要求学生阅读教材，圈点批注，遇到问题自行解决，自己解决不了的问题，提交小组交流，小组交流仍然未解决的，再提交给老师。

课堂有序地进行着，到了问题提交给老师的环节，学生提出了很多问题。有学生问"为什么清政府的北洋舰队全军覆没，而新中国的海军却能够保卫海疆"；有学生问"我国在开国大典时只有17架飞机，而到了1950年代就有了3000多架飞机，这么短的时间，飞机的数量怎么会增加这么多"；有学生问"制造核潜艇时，苏联是否帮助了我们"；有学生问"教材前面出现了兵种，后面出现了军种，兵种和军种有什么区别"；有学生问"导弹部队叫第二炮兵，那第一炮兵是什么"；有学生问"这节课只说了海军、空军、导弹部队，为什么没有说陆军"；等等。结合教材来看，这些问题都潜伏在本节课的深处，绝对不是表层的疑问，不是为了"配合"老师而"作秀"，而是学生深入思考之后的困惑，是思维被激活之后产生的困顿，是学生急于知道而又不知道、感兴趣但又解决不了的问题。那么，当课堂到了这样一个"不愤不启，不悱不发"的时候，教师应该怎么做？是把这些问题交给学生合作、交流、讨论，还是让学生课下去查阅资料、询问家长？

不，在这些有深度的问题面前，最便捷、最有效的方式便是教师讲授。在学生急于了解的知识面前，在学生急于了解的时刻，教师一定要抓住时机，用专业知识引领学生，让学生因为教师的存在而有收获，有提高。

那天，那位老师在讲台上滔滔不绝地讲着，用他的专业知识引领着学生。那一刻，看着学生和老师都陶醉于讲解之中，我忽然想到了孔子和闻一多，想到孔子和弟子围坐在大树下或草地上答疑解惑的情景，想到闻一多先生在西南联大上课，兴起时将学生拉到操场侃侃而谈的情形。

是的，把课堂还给学生，并不是剥夺了教师的引领权。教师，当讲时一定要讲，否则就是拿着"新课改"作幌子，在课堂上"不作为"。

我们的老师为什么容易走向这样两个极端？分析一下不难发现，有选择地讲授的课堂给老师提出了更高的要求，更大的挑战，因为他需要根据教学情况临时生成讲解的内容，这样的临时生成，就需要更强的实力，更广博、更充分的知识储备以及足够的应变调控能力。很多时候，老师之所以乐于在课堂上滔滔不绝地讲授，是因为他不敢放手，唯恐放手之后学生提出的问题自己不能解决，因为他没有像苏霍姆林斯基说的"比课堂中要讲的东西多十倍，多二十倍的知识储备"，他的知识视野不能"比学校教学大纲宽广得无可比拟"。

其实，教学方式没有绝对的优劣之分，评价教学观是否符合现代理念，不仅要看"要不要讲"，还要看"为什么讲"和"讲得怎么样"，任何不分学习内容，不看学生实际情况，不顾教学目的，机械理解教学方法的做法，都是不够全面的。教师应该在学生的基础上，进行适当的讲解。

那么，哪些内容当讲，哪些内容不当讲呢？

对于这个疑问，也许孙绍振先生的一句话就是最好的诠释。孙绍振先生曾经说："在语文课堂上重复学生一望而知的东西，我从中学时代对之就十分厌恶。从那时我就立志，有朝一日，我当语文教师一定要讲出学生感觉到又读不出来，或者以为是一望而知，其实是一无所知的东西来。"

是的，课堂上，学生厌恶的不是讲解，而是重复他们已经懂得的知识。

这样说来，哪些内容当讲哪些不当讲就基本明白了。语文学科不像其他学科，课堂上要学习的文章无论是思想内容还是语言文字，都与现实生活相近或相通，学生只要扫除了生字难词的障碍，就能基本读通。但他们往往看不出文章中用得特别精彩准确的妙词佳句，或者作者在构思上独具匠心的精妙之处。对于这些学生体味不到的地方，教师就要着力指导。如果学生知其然而不知其所以然，教师就要指点"所以然"；如果学生只知其一，不知其二，教师就要指点"其二"。也就是说，语文教学要讲学生自己学不会的，讲在学生的疑难处，讲在精要处，讲在精彩处。教师要通过自己的讲，引领学生进入文本的字里行间，让学生从标点中发掘作者潜在的情感，从字词中揭示文章的密码。

例如，有位老师执教《中国石拱桥》，当讲到赵州桥为什么需要用28道拱圈而不是29道或30道时，最佳的学习方式是什么？让学生讨论？如果学生不具备广博的文化知识的话，这样的问题学生也讨论不出个所以然来。于是，这位老师就直接自己讲了起来，他说：28道拱圈是对着天上的28个星宿的，赵州桥的建造，也反映了中国人对宇宙和社会生活的理解。这样一讲，学生的视野开阔了，兴趣被激发了起来，无形中就会产生对中国文化的崇敬与认同。从老师对"28"这个数字的讲解中，学生不仅仅学到了语言和桥梁建筑知识，还了解了赵州桥背后的文化，这就是好的讲解。

特级教师洪镇涛在讲《天上的街市》时，有学生提出："'你看，那浅浅的天河'中的逗号可以不用吗？"洪老师先让学生揣摩比较有这个逗号和没有这个逗号分别应怎样读，学生读了之后，洪老师点拨："有这个逗号读起来有点舒缓，有个看的过程，好像和读者在对话。"洪老师用手指着天空，舒缓深情地范读了一句"你看，那浅浅的天河"，读起来很亲切；又读了一遍没有逗号的"你看那浅浅的天河"，读起来太急了，不像对话了。在洪老师读的过程中，学生仿佛都在凝望星空，深入到文本中去了。

再例如，《从百草园到三味书屋》中，书屋为什么叫作"三味书屋"？书屋中间为何要挂一幅"一只很肥大的梅花鹿伏在古树下"的画？《故乡》中，鲁迅先生为什么要在"这好极！他，——怎样？……"六个字中用五个不同的标点？五个不同的标点能解读出"我"什么样的情感密码？在

《老王》一文中，老王"有个哥哥，死了，有两个侄儿，'没出息'"，既然"死了""没出息"，那为什么还要介绍呢？……诸如此类的问题，就是学生"感觉到又读不出来，或者以为是一望而知，其实是一无所知的东西"，这些是当讲的，老师就要讲，并且允许大讲特讲。而那些学生一望而知的地方，例如这段运用了排比修辞，那段运用了直接描写等等，教师还是三缄其口，让学生自己学习吧。

这样看来，在我们的课堂里，问题的关键不是教师要不要讲，而是应该如何讲，如何发挥讲的优点，突显讲的价值。所以，我们不要谈"讲"色变，课堂的无效或低效并不是因为老师"讲"了，而是因为讲了不必讲的，或是因为讲得不够精彩。我们既要避免传统课堂上教师主宰课堂一讲到底的现象，也要避免不敢讲的现象。课堂上，教师当讲则讲，不当讲则不讲，我们主张少讲，绝不是不要老师讲，也不应该机械地限定老师讲的时间，而是根据教学对象、教学内容、教学要求选择讲的时机、讲的方式、讲的多少。该讲不讲是教师不负责任的一种体现，该讲好而没讲好更是平庸无能的表现。

我们倡导把课堂还给学生，但并不否定教师在课堂上的作用，改革的取向是充分发挥学生在学习中的主体作用，教师要尽可能退到课堂教学的背后，使自己的作用趋于无形。这才是我们追求的教师"零参与"，而非教师的不参与、不作为。

别让预设"绑架"了课堂

课堂上，预设和生成同样重要，预设是生成的基础，生成是预设的提高；预设体现了对文本的尊重，生成体现了对学生的尊重。教学中，教师要注重每一个教学细节，让精彩的生成随时产生，让每一个细节都在智慧里发光，千万不要让预设捆住了手脚。然而，在我们的课堂上，总会有一些课被预设绑架。

教学内容被预设"绑架"

在一节课题为"学会感恩"的课堂上，老师设计了通过观看情景剧表演让学生感悟如何孝敬父母、学会感恩的教学环节。看完情景剧表演，教师询问学生有何启示，一个学生站起来说："等我长大了，一定要给爸妈买车、买房，让他们过上有钱人的生活。"听学生这样回答，老师马上夸奖道："你真是个孝顺的孩子。"在老师的激励下，又有几个孩子抢着站起来发表自己的想法，有的说长大有钱后带着父母去美国旅游，有的说带着父母去海边度假，有个学生甚至说要给爸爸妈妈买一架飞机……每个学生回答后，老师都要表扬一番，就这样，这个环节貌似热闹地进行着。几分钟后，老师带领大家转入书面表达环节，以"我感恩××，因为……"为题写一段文字，表达自己的感恩之情。看到上个环节就那么匆匆而过，我觉得很是遗憾：感恩仅仅是这样吗？当学生的意识仅仅停留在物质层面上时，老师是否要进一步引领呢？

评课时，我与执教的老师讨论：感恩只能通过物质来表达吗？除了物质还有没有其他的途径？老师理所当然地说还有其他途径。于是，我接着问:"既然有其他途径,当学生的回答只局限在物质层面上时,能否再引导学生进一步深入思考呢?"听了我的询问,老师一边看着手中的教学设计,一边强调:这个环节最初预设的时候没有涉及更深的层次,只安排了"让学生自由回答,三五人即可"。原来,是教学预设束缚了教学内容。

也许,进行教学设计时,教师没有预料到学生的回答会这么片面,所以没有设计深入引导环节。但是,课堂仅仅是预设的课堂吗?对于一节课来说,精心的预设固然很重要,是上好一节课的基础,没有预设的课堂是不负责任的课堂。但教学活动具有复杂性和多变性,尽管课前进行了精心预设,可学生是千变万化的,教学氛围也是千变万化的,很多时候,教师的预设和学生的实际情况还是会有较大的差别。因此,课堂上就需要教师冷静地思考,灵活地调整教学方法,机智地生成新的教学方案,使得教学向更合适的层次推进。

对于这群六年级的孩子来说,他们正处于人生观、价值观形成的关键时期,他们身上的每个毛孔都张开着,努力地吸纳着他们看到、听到的一切。从上面的案例中,我们可以明显看出学生对感恩的理解很片面。他们认为的感恩仅仅停留在物质层面上,认为只有有了强大的物质基础作为后盾,才有资格谈感恩。当学生表达这种观点的时候,老师就必须加以全面引导。我想,如果老师此时这样问:"孩子们,从你们的话语中,老师看到了你们对家人对父母的一颗感恩之心,但我还想问一句,难道感恩只有等长大挣到钱之后才能表达吗?当我们还是一名学生的时候,我们是否也可以做一些表达感恩之情的事情呢?"如果教师这样问,那么,肯定能引发孩子更深入地思考:感恩必须用物质表达吗?除了物质方面,就真的没有其他途径了吗?通过思考,他们会知道:原来,感恩之情随时都可以表达,而且并非只能用物质来表达,精神层面的感恩更重要。

有了这样的分析,孩子们很容易就能理解:在这个世界上,物质并不是万能的,很多东西是不能用物质衡量的,也是物质不能代替的,比如情感,比如精神。

课堂环节被预设"绑架"

在课堂上,这样的情况也经常出现。上课伊始,老师问:"同学们,看了题目，你有什么疑问？"学生纷纷提出自己的疑问，可接下来，教师却说："同学们很会学习，提出了不少问题，你们真棒。现在请同学们读课文，自学生字词……"原来，老师并没有以学生的疑问为起点，调整课前的预设来开展教学，而是把学生的问题"雪藏"起来，仍旧按照课前预设进行教学。如果被问起，老师可能会说，那只是一个导课环节而已，第二个环节是检查生字词。我想，面对上面的情况，我们为什么不能先把学生的疑问归纳一下，找出其中的主要问题，然后再顺势将课堂引导到自己预设的内容上来呢？

像这样被课前预设环节"绑架"的课堂太多了。请看看这样的导课现象是否很常见：上课伊始，老师通过设置悬念、故事煽情等方式吸引了学生的注意力，激发了学生的好奇心和求知欲，可当学生急于走进文本以解除自己的疑惑时，老师却话题一转——"我们先看作者介绍……"。一句话，让学生打开的心门骤然关闭。如果被问及为什么会这样安排，老师肯定会说，刚才的煽情只是导课环节，第二个环节是作者介绍。那么，导课的作用又是什么呢？我们干吗不直接进行作者介绍？反正打开的心门也要马上关闭啊。

除了导课和作者介绍环节的尴尬外，有时候还会出现另外一种情况：学生在第一个环节生成的问题恰好涉及第三个环节，但我们的老师却不敢适度地先来展开第三板块的内容，而是要生硬地把此话题按下去，开始第二个环节的话题，等进行完第二个环节，再重新捡起前面的话题。当然，如果这两个环节涉及的教学内容有先后顺序，那绝对不能调换，但如果并无大碍，为什么课堂不能灵活一点呢？课堂不能没有预设，但也不能只有预设啊！

教师的课堂行为被预设"绑架"

随着新课改的实施，教师自觉地把课堂让给了学生，从以"教师的教"为中心转变成以"学生的学"为中心，很多地方把"教案"改换成"学案"，学生人手一份，课堂学习环节、学习内容和学习方式在"学案"上面均有呈现。在这样的情况下，教师的课堂行为便不自觉地被"绑架"了。以前，教师是课堂的主角，要一直讲个不停，可现在，课堂还给了学生，教师似乎也迷失了自己的角色,不知道该如何给自己定位。有的老师直接从原来的"讲解者"变成了"主持人",只是说"好,我们现在学习第一个板块";"学习了第一个板块,我们现在开始学习第二个板块";"现在自学结束,我们开始分组讨论"……就这样,老师硬生生地把浑然一体的课堂割裂成一个又一个"板块",把原本丰满的、丰富的、含有无限韵味的课堂变成了支离破碎的习题课。而在学生自学或讨论时,老师就只是那么生硬地、面无表情地看着议论纷纷的学生,无论是踊跃者还是沉默者,似乎都与教师无关。其实,教师不只是知识的讲授者,更是课堂的参与者,教师为何不能参与到学生的学习中来,做学生的指导者或聆听者,以便心中有数,为下一步作好准备呢?如果说课堂是载体,那么理念则是灵魂,有怎样的理念就会有怎样的行为。所以,课改,改的不应只是形式,还应包括教师骨子里的理念。

课堂,千万别被预设"绑架",教师一定要把自己融入课堂中,当生成时则有新的生成。冰心先生在给少年朋友讲怎样才能写好作文时,问大家:谁知道怎样才能把文章写好?一个学生站起来说:要耳朵好!这在一般人看来简直是南辕北辙的答案,普通老师肯定会置之不理,再换另外的学生回答。但冰心先生却顺势说:"对啊对啊,耳朵好,才能听得清;眼睛好,才能看得明。听得清看得明观察事物才能细致,那就能写好文章啊。"这个回答,不仅免除了答问学生的尴尬,维护了学生的自尊,也寻出了所答与应答之间的内在联系,有顺水推舟之妙,无牵强附会之嫌。

课堂教学是动态生成的行程。叶澜教授曾经说过:"课堂应是向未知方向挺进的旅程,随时都有可能发现意外的通道和美丽的图景,而不是一切都必须遵循固定线路而没有激情的行程。"如果说预设体现了教师对文本的尊重,那么生成则体现了教师对学生的尊重;如果说预设体现了教学的计划性和封闭性,那么生成则体现了教学的动态性和开放性。所以,教师要带着预设走进课堂,但又千万不能被预设"绑架"。

善待课堂用语

课堂上,经常会听到这样一些语言:"哇噻,你太棒了!""下面请第一小组 pk 第二小组。""各位小组长,你们一定要 hold 住哦。"……当听到这样的"潮言潮语"在课堂上此起彼伏时,不知道你会有什么感觉。

也许有人认为这样的语言能缩短师生之间的距离,拉近师生之间的关系,说说也未尝不可。但课堂毕竟是传授知识的圣地,教师的一言一行都在引领着学生成长。所以,教师一定要善待课堂用语,"漂洗"语言杂质,捍卫语言的尊严。

新课程倡导以学生为中心,"以学定教"的教学理念渐入人心,"先学后教"的教学模式被很多学校推广。在这一过程中,教师要"让位"于学生,从前台逐渐走到后台,课堂上主要是学生讨论交流,教师的职责仅限于提提问题,在此环节与彼环节中间过渡衔接一下、评价一番而已。即使提问题,也可以提前在 PPT 上准备好,既省时又省力,还避免出现漏洞。这样一来,教师在课堂上似乎就只剩下过渡衔接和评价的语言,而评价就那么几句,还要以鼓励为主。于是,教师的课堂用语,似乎越来越不受重视。

但课堂语言真的只能这样无足轻重吗?

捷克教育家夸美纽斯曾在《大教学论》中提过教师语言的重要性,他认为教师的语言应该是一种教学艺术。苏联教育家苏霍姆林斯基也曾明确地提出:"教师的语言修养在极大程度上决定着学生在课堂上的脑力劳动效率。""决定着"而且是"在极大程度上""决定着",可见教师教学语言在学生动脑学习中的重要性。比如,引发学生学习课文的愿望,不同的教学语言效果就迥然有异。是的,无论课堂怎么变化,教师永远是教学中的首席，教师要用知识的尊严和智慧的权威，巧妙地引导学生，带领学生从"不懂"走向"懂得"，从"不会"走向"学会"，从"无知"走向"有知"，对于其中的沟通和引导，语言便是最直接、最简洁的方式。所以，教师，一定要善待课堂用语。

善待课堂用语，首要的是"漂洗"语言杂质，让课堂语言规范化。课堂不是嘉年华，不是狂欢节，"哇噻，太棒了""同学们一定要 hold 住哦"等娱乐化的语言不能畅通无阻地进入课堂。尽管这些"潮言潮语"有时会博得学生粲然一笑，但这种形式的语言与正确理解和运用祖国语言文字的宗旨相左。教师的一言一行都在引领着学生成长，作为引领者，一定要用标准的、规范的普通话去解答疑问，进行环节过渡，突破重点难点，让学生在耳濡目染中学到准确、规范的语言，力戒夹杂着外语或某些时髦词汇的词语、句子及方言土语，以提高语言的纯净度。因此，语文教师一定要用规范的语言开展教学，自觉"漂洗"语言杂质，捍卫语言尊严。

善待课堂语言，要让指令语言科学化。教师在发布某项指令时，问题的题干不能太长，太长了学生很难记住，也不要一口气问一组问题，因为人的瞬间记忆有一定的局限性。并且，下达过指令性语言后，要给学生留出必要的准备时间，不搞突然袭击。当教师想让学生到黑板前听写生字时，应该先说："现在要找几个同学到讲台上来，请他在黑板上写出……听清楚了吧？某某同学，你来。"这样给学生一个缓冲，让学生有所准备，而不应该先把学生请到台上再布置任务。

教师指令性语言的指向要清楚，要让学生知道应该怎样思考，应该回答什么，要求要尽量明确、具体、说到细处，尽量少说"先讨论，我们一会儿交流"，而要更为具体地说："在讨论时，每个小组都要找一个同学负责记录，负责记录的同学要把主要观点记下来，等交流环节时，每个小组选一名代表作汇报。"这样的语言，可以让学生明白怎么讨论怎么交流。

对于重要的指令，教师可以进行适当的重复和强调，在布置完任务之后，可以再次强调一句："注意，刚才我要求的是……我希望大家这样做……"

善待课堂用语，还要丰富语言，让课堂评价语具体化。很多时候，教师只会用"太好了""太棒了""太聪明了"等模糊笼统的语句评价学生的回答，但具体好在哪里、棒在哪里，老师没有具体说明，学生也就不得而知。善待课堂语言，就要丰富语言，让语言脱离浮华，回归具体，回归本真。例如，学生朗读得好，可以这样评价："你不但读出了声，还读出了情，真正做到了字正腔圆，声情并茂，听你的朗读真是一种享受。"这样的评价语言，既能激励学生，还能起到引导作用，让学生从评价中知道朗读时要注意感情的表达，注意感情的表达是会得到赞赏的。再如，当一个学生补充其他学生的答案时，老师这样评价："你不仅善于倾听别人的发言，还能多角度思考问题，并且敢于表达自己的看法，你真了不起。"这样的评价既肯定了这位学生的表现，又为全班指出了要多角度思考，具有鲜明的导向性。这样的评价还能激发学生的内驱力，可有效防止评价语的苍白无力。

善待课堂用语，还要让评价语具有归纳性、系统性。评价语，不应只是判断对错，更应是一次梳理和归纳。例如，当一位学生把自己了解的作者情况一股脑儿地陈述出来后，老师这样评价："这位同学从作者的原名、祖籍、生活经历、作品以及别人对他的评价五个方面向大家做了介绍，这样的介绍很全面。"这样的评价，巧妙地对庞杂的内容进行了梳理，有了这个过程，学生思维的条理性在无形中得到提高。再例如，另一老师讲授《胆小鬼》，当询问偷钱事件对父母有什么影响时，一个学生回答："父母从此开始给我们零花钱了。"对于这个回答，很多老师的评价可能仅限于"很好，还有没有其他的"，可这位老师没有这样做，而是继续追问："他说出了一个层面的原因，给零花钱只是一个显性的影响，还有没有其他更深层次的影响呢？"有了这样的引导，另一个学生思考一番后回答："父母不仅给我们零花钱，而且也注意保护我们的自尊心了。"这个回答显然是全面的，此时，老师这样归纳："他从父母给零花钱，看到了父母这样做的隐形的作用——保护了孩子的自尊心，能这样由表及里地思考，真好！"这样的评价语，具有归纳性和系统性，能起到很好的梳理作用。

善待课堂语言，还要注意评价语言的合理性和真实性。学生回答问题后，有些教师喜欢用"你很聪明""你有这个方面的天赋"等语言评价学生，但这样的语言并不具有合理性，会导致学生错误归因：我学习好，是因为我聪明；我学习不好，是因为我没有这个方面的天赋。尽管人与人之间确实存在差异，但教师在课堂上不能放大这种差异，教师要认可的，应该是学生主观上的努力。

　　新课改倡导多元解读，所以，课堂上很少再听到老师说"不"，无论学生的回答如何教师都要刻意地去表扬。哪怕回答是错误的，老师也会找出"你是举手举得最快的，值得表扬""你是发言最简洁的，值得表扬"等跟回答的正确性无关的内容。其实，这是一种不负责任的做法，这样的评价语言不具有真实性。真正负责任的老师会实事求是地评价学生的回答，在学生回答不恰当的时候指出不足。例如，于永正老师在执教《新型玻璃》一课时这样问：这节课向我们介绍了几种新型玻璃？是哪几种？一个学生回答：这一课共写了五种新型玻璃。第一种是"夹丝网防盗玻璃"，第二种是"夹丝玻璃"，第三种是"变色玻璃"，第四种是"吸热玻璃"，第五种是"吃音玻璃"。这个回答，应该是正确的，因为课本上介绍的就是这五种。但于老师怎么说？他说："说得多清楚，多有条理！不过，你能说得再简洁一些吗？请你考虑一下。"原来，于老师对答案的要求并不局限于正确，而要让学生进一步提炼自己的语言。该生思考了一会儿，这样回答："本课介绍了五种新型玻璃，它们分别是夹丝网防盗玻璃、夹丝玻璃、变色玻璃、吸热玻璃、吃音玻璃。"此时，于老师竖起大拇指夸奖："说得妙，妙就妙在'分别是'三个字上。有了它们，下面只说名称就行了。你真了不起啊！"这里的"真了不起"，绝对不是谬夸，而是对该生由衷的赞美。评价语，一定要真实，该夸时则夸，不该夸时则不夸，只有恰当的夸奖才最有教育性，脱离实际的夸奖，效果适得其反。

　　善待课堂用语，还要注意过渡语言前后的关联性。推敲很多课堂语言，你会发现有些语言的前后欠缺关联性，当提出问题后，不管学生怎么回答，教师都要按照预设的内容往下走，似乎问题仅仅是个引子。例如，有位老师讲授《飞向蓝天的恐龙》时这样导课："同学们，你们看看，'飞向蓝天的____'这个地方可以填什么词？"学生因为已经预习了课文，所以都争着举手回答，老师叫起一名学生，这个学生说："恐龙。"老师一听第一个学生就说出了题目，感觉似乎太没有悬念，于是又追问："还有吗？"学生思考片刻后，又有两个学生站起来回答，"还有小鸟""还有飞机"。老师接着问："还有吗？飞向蓝天的还能有什么呢？"看学生沉默了，老师便不再难为学生，一边板书题目一边说："同学们真聪明，还知道飞向蓝天的恐龙，好，今天，我们就来学习《飞向蓝天的恐龙》。"

老师在设计这个问题之前，也许她预测的是学生先说小鸟、飞机等，最后再说"恐龙"，这时，她就可以给学生一个"聪明"的评价，顺势引出课题。但她恰恰忽略了学生已经预习过课文，所以，当老师询问"飞向蓝天的____"时，学生就直奔主题，直接回答出"恐龙"。学生这样一语中的的回答让老师措手不及，因为张口就来的答案似乎和"聪明"不太好挂钩啊。于是老师又重新启发："还有吗？"在老师的启发下，学生回答出了小鸟和飞机。这时，老师又自顾自地把话题引回到第一个学生的回答，作出"同学们真聪明"的判断。这样的教学语言，前后之间就逻辑混乱，欠缺关联性。

善待课堂用语，还要注意过渡语言的必要性。课堂上，经常会听到这样的问题："现在学习第二段，好不好啊？"学习第二段还是第三段，学生有选择的可能性吗？既然没有，那么，这样的话有必要吗？有的老师习惯在课堂上问："谁来告诉我""谁来回答老师的问题"，这样的话问得多了，会让学生感觉学习是给老师学的，回答问题也是给老师回答的。所以，课堂语言，该说则说，不该说的就不要说了吧。

讲授是教师的基本功，教师，一定要善待语言，无论是开场白、过渡语，还是小结语、评价语，都体现着教师的基本素养；无论指令性的语言、点拨性的语言还是评价性的语言，都彰显着教师的内涵。站在课堂上，教师就是学生的第二本书，这本书的质地，通过教师的一言一行反映出来。教师，请善待课堂语言，捍卫语言的尊严，从上课第一句话开始，就要谨慎对待，力争让每一句话都能传达出文人的气息，文化的气息，文明的气息。

导课中不和谐的"音符"

良好的开端是成功的一半,一部好的电影,必须有一个精彩的序幕;一节好课,也必须有一个精彩的导入。课堂的导入对集中学生的注意力、安定学生的情绪、建立师生之间良好的关系、引发学生对本节课的学习兴趣、在新旧知识之间搭建一个链接等方面有着重要意义。大家都知道导课的重要性,但在我们平时的教学中,仍然存在着很多问题,例如在情景设置上故意绕圈子、走弯路,造成课堂资源的浪费;或者教师滔滔不绝、不着边际、离题万里地阐释,让学生在试听和理解上都感到吃力;等等。总的来说,导课中常见的不和谐"音符"有以下五类。

第一,大力渲染导课,导课内容距离文本内容较远,以至于入课缓慢。

喜欢进行这类导课的教师一般长于铺陈,他们在上课前费了很大一番功夫,本想给学生留下深刻的印象,但因为铺陈的内容距离文本较远,以至于入课缓慢。有老师在高三总复习阶段执教《诗歌鉴赏》时这样导课:"中国是一个诗歌的国度,佳作浩如烟海,名家繁若星辰。在学习诗歌的时候,你幸福吗?你愉快吗?为什么呢?"听到老师这样询问,有学生回答幸福,因为经典诗歌中有无穷的内涵;有学生说不幸福,因为大多数诗歌承载的感情很凄苦,读着诗歌自己也不由自主地悲凉起来;还有学生说不幸福,因为自己看不懂。此时,老师引出了高考中有诗歌鉴赏题,由此引出了诗歌鉴赏。此环节用时6分钟。

听到这里,我一直在思考:诗歌鉴赏跟幸福不幸福、愉快不愉快有关系吗?是否幸福就要学习,不幸福就不要学习了呢?这是以学生的感受为转移的吗?再者,40分钟的课堂竟然用6分钟时间导课,并且是在高考前夕，这样做合适吗？更关键的是，导课内容距离课堂内容那么遥远，无形中把学生拉到了另外一个方向，这样的导课，合适吗？

如果费了大力气还没有收到好的效果，那倒不如采用开门见山的方式，直接导课："同学们，在高考试卷上，有一类试题是诗歌鉴赏，要做好这一类试题，需要了解诗歌鉴赏试题的类型以及解答这类试题的思路和技巧，今天，我们就来试着突破这个考点。"这样的导课，开门见山地把本节课的教学意图和内容简练而精辟地向学生进行了介绍，让学生明确了本节课的学习内容及目标，省时省力，给课堂留下了更多的宝贵时间。一般来说，一节课的导入部分3分钟足够，若超过5分钟就已经长了，应考虑压缩精简。

第二，学生心门刚刚打开，又骤然关闭。

先看一位教师执教《七颗钻石》时的导课："听说大家都很喜欢听故事，大家想听不想听？"得到学生的肯定之后，老师就用娓娓动听的语调讲起了故事："很久很久以前，地球上发生了一次大旱灾，所有的河流和水井都干涸了，草木也都干枯了，许多人和动物都焦渴而死。一天夜里，一个小姑娘拿着水罐走出家门为生病的母亲去找水，累得倒在草地上睡着了。当她醒来的时候，拿起罐子一看，罐子里竟然装满了水。多么意外的收获啊！此时，小姑娘会怎么做呢？接下来的故事啊，老师不讲了，我们一起走进俄国作家列夫·托尔斯泰的童话故事《七颗宝石》去看看吧。"边说边板书课题。

喜欢听故事是儿童的天性，听完老师娓娓道来的讲述后，学生急于走进文本去了解故事的后续发展，但殊不知，板书完课题，老师话锋一转："我们先来检查一下预习情况。"

这就是课堂上常见的一种导课方式。导入时，老师会尽其所能，让导课充满趣味性，起到激发学生兴趣、打开学生心门、激发学生求知欲的作用，但很多时候，我们的导课仅仅是导课而已，一旦引出了课题，导课环节就此结束，老师便会按部就班地进入下一个环节，而不管学生的心门是否骤然关闭。

仔细分析一下，课堂上之所以出现这种现象，是因为教师始终为一种"完整的、固定的"模式所束缚，总认为一切就应该按部就班，总认为有些程序必须要走，否则，这节课就是残缺的、不完整的。殊不知，课堂需要固守，更需要超越，教学有法，但又教无定法，只有遵循学生的思维规律，课堂才会有真正的"完整"和"浑然一体"。

第三，导语前后关联不大。

一位老师在讲授《春酒》时这样导课。老师问：同学们喜欢过春节吗？学生回答喜欢。老师问：过春节时，你的家乡有哪些风俗呢？学生回答贴春联、放鞭炮、发压岁钱等。至此，老师话锋一转，说：作家琦君童年时在老家过春节，有什么特殊的风俗呢？今天我们一起学习《春酒》。

我们分析一下老师的两个问题：第一个问题"喜欢过春节吗"，学生回答喜欢；既然喜欢，老师就紧承着提出了第二个问题"过春节时，你的家乡有哪些风俗"，学生对此又进行了回答；对于这次的回答，老师不管不问，提出了第三个问题，并据此引出了"今天我们来学习《春酒》"。我想问的是：第二、三个问题之间有关联吗？老师的话题和学生的回答之间似乎井水不犯河水。是否可以这样过渡一下："孩子们，老师听出来了，我们同学大多数都来自北方，因为大家说的这些风俗是典型的北方风俗。那么，南方呢？出生于浙江的琦君，她童年时的春节有什么特殊的风俗呢？今天，我们一块走进琦君的《春酒》去看个究竟。"

如果教师有意识地对学生关于第二个问题的回答进行一个小结，然后顺承着过渡下来，是否能让导课浑然一体？

第四，导课难度太大。

我绝对相信，没有任何一位老师想让学生在上课伊始就产生畏惧心理，但很多时候，我们还是没有很好地把握学情，致使导课环节进行得并不太顺利。

一位教师在讲授《从百草园到三味书屋》时，设置了这样的导语："有这样两句诗，'博大胆识铁石坚，刀光剑影任翔旋'，谁知道这两句诗的意思？"结果班里冷场，没有学生举手回答。老师一看冷场，就降低了提问的难度，又问："这两句诗是赞美谁的？"但学生仍闭口不答，于是老师只好自己说出答案："这是赞美鲁迅先生的诗句，请大家记在笔记本上。"于是，学生纷纷在笔记本上做笔记。看到这里，我不禁哑然。

且不说这两句诗的意思学生是否理解，也不说这两句诗是否能代表鲁迅先生的特点，只就学生对这两句诗的熟识度，老师预测了吗？此文的导课，除了这两句，是否还有其他更好、更适合的语句可以引用呢？

如果引用鲁迅先生的"横眉冷对千夫指，俯首甘为孺子牛"，如果引用"他的文章像匕首，像投枪，刺中了国民党反动派的要害，揭穿了他们的反动面目"，如果引用"热风吹落满庭芳，了却朝花又夕拾，一声呐喊天下白，彷徨至今不彷徨"等，从鲁迅先生的为人、语言特点、蕴含他的他的文集题目的诗句来导课，是否就在无形中降低了难度，或者更具有记忆的价值？

　　第五，导课元素过多。

　　也许有的老师想紧紧抓住学生的注意力，让学生一上课就有一种非同一般的感受，所以在导课时颇费一番周折，放幻灯片、看录像、讲故事等能用的手段一齐用上，唯恐对学生的吸引力不够。我们承认，这些不同的手段能吸引学生的注意力，但我们同时也应该认识到，这些手段可能会牵扯学生过多的注意力，让学生只把注意力放在导课上，结果这一环节成了为导课而导课。其实，一次正常的导课只选用一种元素即可，如放幻灯片、看录像、听录音、介绍一则新闻、检查预习、展示实物等，如果两个或更多的元素并用，就会多余。

　　导课的方法多种多样，没有固定模式，这也更加说明了导课在课堂教学中是一门艺术性很强的学问，教师要根据自己的特长、文本特点及学生的特点，设计出最适合本节课的导入方式，真正把学生的注意力和兴趣吸引到课堂上来。

"作者介绍"教学的误区

作者介绍是学生理解课文的一把重要的钥匙，是搭建在学生与作者、学生与文本之间的一座桥梁，也是学生了解文化常识的重要途径之一。在平时的课堂教学实践中，几乎所有的新授课都有"作者介绍"这一环节，但细观我们的课堂就会发现，很多教师进行的"作者介绍"并不高效，具体表现在以下三个方面。

第一，程序固定，机械呆板。

翻开教师的教学设计，我们往往会看到第一板块是导入新课，第二板块是作者介绍。由此可知，大多数教师把作者介绍放在正式授课前，突出了它对于理解课文的重要性。但这样的安排一定是合适的吗？我们先看一个课例。

一位教师在讲授《大自然的语言》时这样导入："同学们，我们常说'鸟有鸟言，兽有兽语'，尽管我们普通人不懂得鸟言兽语的确切含意，但动物能'说话'则是千真万确的。动物能'说话'，我们容易理解，但如果说大自然中的一草一木都会'说话'，恐怕你就会持怀疑态度了。大自然到底会不会'说话'呢？它有着什么样的语言，又是如何利用这些语言的呢？今天，我们一起走进《大自然的语言》去寻找答案。"这样的导课激发了学生的好奇心，使他们急于走进文本去了解大自然到底有怎样的语言，以及如何利用这些语言。殊不知，此时老师话题一转："我们先看作者介绍……"

不知听到这里你有什么感觉，我只感觉自己刚刚提起的兴趣一落千丈。这就是我们语文课堂中最常见的一种现象，不管导入时设置了什么样的悬念，运用了什么手段煽情，讲授了多么动人的故事吸引学生的注意力，不管此时学生是如何急于走进文本一探究竟，教师都会按部就班地话题一转进入第二个板块——作者介绍。每每看到这种情况，我都在想：亲爱的老师，您费了那么大的力气引起了学生的好奇心，激发了他们的求知欲，打开了他们的心门，干吗不顺承着进入文本去寻找学生需要的答案，解决他们最想解决的问题呢？干吗要插入一个"作者介绍"中断刚才的思维，关闭学生的心门呢？我们为什么不更换一下教学流程，在学生需要的时候再来进行作者介绍呢？

那么，如果不在这个时候进行作者介绍，我们还可以在什么时候介绍呢？还拿刚才那个事例来说吧，如果此时不进行作者介绍，而是在学生了解了之前急于了解的内容后再引出："为什么本文作者这样了解自然现象呢？他为什么能把科学术语和种种自然现象联系在一起呢？他是谁呢？"这样自然而然地引出作者——竺可桢，中国卓越的科学家和教育家，当代著名的地理学家和气象学家——是否更科学、更合理、更符合学生接受事物的特点？

第二，内容庞杂，难以消化。

在作者介绍环节，大多数老师会把作者的生平放在幻灯片上，内容多则几百字，几乎等同于一篇简略版的个人自传，有的还涉及写作背景。而对这穿越了几百年甚至上千年的文字，大多数教师只是带领学生齐读一遍，就进入下一个环节——预习检查。

每每看到这种情景，我总想问：这么多的文字，这么大的信息量真的有必要吗？即使真的有必要，是否只齐读一遍这些文字就能走进学生的生命里呢？还是先请看一个课例。

一位教师在讲授《记承天寺夜游》时，把一张幻灯片出示到学生面前：

> 苏轼，字子瞻，号东坡居士，北宋文学家、书画家，在诗词、散文、书画方面有巨大成就，与父苏洵，弟苏辙并称为"三苏"，为"唐宋八大家"之一。元丰二年（1079年），苏轼对新法持有不同意见，御史中丞李定、舒亶、何正臣等人摘取苏轼的一些诗句，以谤讪新政的罪名将其逮捕，投入监狱。四个多月后，苏轼被贬为黄州团练副使，官衔上还加了"本州闲置"字样，不得签署公事，不得擅离安置所，实际上跟流放差不多。在黄州的一个夜晚，苏轼写下了《记承天寺夜游》。

除了这些文字，幻灯片上还配有一幅苏轼的肖像，这下字号只能更小了，密密麻麻的。然而，如此大的信息量，教师只让学生齐读一遍之后便进入了下一个环节。诚然，教师是想通过这段文字拉近学生和作者的距离，好让学生更快地进入文本，为学生理解文章打开一扇门，但当我们问学生是否有预期的效果时，学生大多摇头，表示幻灯片上内容太多，还没有弄清楚这段文字的来龙去脉，幻灯片就一晃而过了。可见，这段文字不仅不能帮助学生更好更快地走进文本，反而增加了学生的负担。那么，我们应该怎样避免这种尴尬呢？请看余映潮老师是怎么处理的。

余映潮老师在讲授《记承天寺夜游》时，先对作者进行了简单的介绍：今天，我们学习北宋文学家苏轼的一篇文章——《记承天寺夜游》。有关此文的写作背景，余老师在开始时并没有长篇大论地交代，而是在恰当的时机告诉学生。余老师在带领学生进行了"读出文言的味道"和"读出夜游的兴致"两遍阅读后，又让大家"读出复杂的情愫"，此时，学生很茫然：苏轼不是愉快的吗？怎么会有复杂的情愫呢？看到学生疑惑不解，余老师顺势向学生介绍了作者写作此文时的特殊背景："大家可能不知道当时苏轼身处什么样的环境之中吧？元丰二年，朝廷内几个人从苏东坡的诗中摘出几句诗，污蔑他有谋反之意，皇帝下令将其抓起来审判，后来将其贬到黄州。在黄州，苏轼写下了这篇文章。"余老师这样做，可谓把握住了"不愤不启，不悱不发"的火候。在学生急需了解的时候提供资料介绍，这时的介绍就不是知识的灌输，而是满足学生求知的需要，老师就成为了学生学习知识的帮助者和知识的提供者。

第三，形式单一，缺乏生动性、趣味性。

介绍作者情况时，大多数教师只是把教参上的或者自己搜集到的资料搬到幻灯片上，上课时让学生读一遍，有的教师连幻灯片也没有，只带领学生把课下注释读一遍，就算是完成了作者介绍。这样的作者介绍缺乏生动性和趣味性，难免有单调之嫌。其实，教师完全可以调动学生的积极性，让学生参与进来。例如，让学生课前自查作者资料，课堂上充当小老师介绍作者，老师则起或提供资料，或补充延伸，或组织引导的作用。除了介绍生平外，还可以让学生讲解作者的逸闻趣事。如讲授《陋室铭》时，就可以把刘禹锡被贬安徽和州，知县见他被贬而来，便横加刁难，先安排三间房，后缩小到一间半，再后来缩小到一间的故事讲给学生听。这样一来肯定能提高学生学习的积极性，帮助学生更好地理解作者高洁的品质和安贫乐道的精神。

诚然，"作者介绍"只是整个教学过程中的一个小部分，在一节课中也仅占几分钟时间，教师教学时不能喧宾夺主。但即使这样一个小环节，教师也要认真准备，调动教育智慧和本体性知识，选择合适的内容、合适的时机、合适的形式，把课文实际与学生的认知状况紧密结合，化繁为简，化难为易，把这一环节做实、做活、做好。

对"电灌"说不

随着多媒体走入教室，传统的"一块黑板、一本教材、一支粉笔"的教学模式受到了极大的冲击。多媒体可以集画面、声音、文字三种类型的信息为一体，形象生动，利于创设情境、激发兴趣；在单位时间内可以传达更丰富的信息，提高传播效率；并且多媒体课件可以事先准备，从而节省教师在课堂上的书写时间。所有这些，让多媒体受到教师和学生的喜爱，特别是在公开课上，似乎没有多媒体，课堂就不是现代化的课堂一样。但是，多媒体真的只有好处吗？我们来看一个案例。

《范进中举》是一篇4600多字的小说，这样的文章，适合长文短教，因为文章本身的信息量就很大，教师一定要避免过多的信息对学生造成太大的冲击和拥挤感，但一位老师执教时却恰恰相反。

那天，我通过提前和老师聊天得知，这是《范进中举》的第二课时，主要内容是理清故事情节、分析人物形象、学习细节描写。正式上课了，老师开始点击多媒体课件，一看便知老师课前下了很大的功夫，把这一节课所要讲授的所有内容都准备在了多媒体电脑上。就这样，教师照着幻灯片提问，学生看着幻灯片沉思，很多时候，学生还没有来得及回答，教师就展示出了下一张幻灯片揭示答案，学生则马上把幻灯片上的答案写在书本上。终于，一张幻灯片展示的不再是问题，而是"你辩我辩"。看到这一张，我眼前一亮：老师要组织学生开展活动了。但没想到，这只是一张幻灯片而已，教师的手指轻轻一按，下一张幻灯片马上出现在了学生眼前：正方和反方观点的依据是什么。看到这里，我很是郁闷，没有辩论，正方和反方观点的依据从何而来？我的疑惑刚一产生，教师就已经要求学生把依据记录在课本上了。

这节课上，教师出示了十张幻灯片，大约有 1200 字的内容。一节课下来，教师手不离鼠标，学生眼不离屏幕，不用看课本，就面对着十张幻灯片学习。看着这些，我一直想问：这是课堂吗？脱离文本的课堂存在吗？而且老师还要求学生把幻灯片上的部分内容抄在书上，有这么多动眼、动手的事情要做，学生哪里还有时间去思考？那堂课最后一张幻灯片的内容是批评科举制度使人只知道死读书而不知道思考，教师命令学生把幻灯片上的内容快速地记录下来……这是多么大的讽刺啊——科举制度使人只知道死读书而不思考，那我们让学生思考了吗？

吴非老师在《课堂有你，更有学生》一文中说："如果上课可以不用课件，尽量不要用。教师在黑板上写字，是一种文化熏陶，如果所有的教师都依靠电脑上课，我们有可能逐渐失掉母语教育的绝好传统。"在这点上，魏书生和程翔老师就做得很好，他们上课，似乎从来不用电脑，总是一个人、一张嘴、一支粉笔"打天下"。曾有人请教魏书生老师为什么不用电脑，他说："课堂不是做给人看的，是有效引导学生学的。"他们没有将对教材的理解复制在冰冷的屏幕上，而是存放于自己的大脑中，课堂上，他们能根据学生学习的具体情况进行适当的调整——哪个地方要快点，哪个地方要慢点，哪个地方可以不讲，哪个地方需要再详细些。只有在这样的课堂上，教师才能成为真正的主导，学生才能起到真正的主体作用，师生之间才可能有平等的对话和情感的交流。而当教师把所有的环节都放在制作好的多媒体课件上时，课堂就会被多媒体束缚、"绑架"，教师俨然成了一个"放映员"，而学生则成了"观影者"，教师和学生之间，隔着冷冰冰的电脑、屏幕。有了多媒体课件，教师不需要板书，不需要范读了，该说的内容也不需要再说了，而该辩论的时候，课件上直接出现正方反方的辩论依据……总之，凡是课堂上需要的，全在多媒体课件上了。表面上看，多媒体课件似乎什么都可以代替，但是，学生的想象力可以用多媒体屏幕展示出来吗？学生的思考可以用电脑代替吗？这样的课堂，教师的基本功不见了，学生的想象力没有用场了，课件，成了课堂的"统治者"。这是不是教学的悲哀？

除了把课堂所有的环节都设计在幻灯片上之外，有些教师还喜欢通过多媒体展示图片或者直接播放视频。图片和视频更直观，更能激发学生的兴趣，烘托课堂气氛。例如讲《红楼梦》中宝玉挨打，就放一幅电视剧中的画面，讲《香菱学诗》中林黛玉的"两弯似蹙非蹙罥烟眉，一双似喜非喜含情目"，就出示陈晓旭扮演的林黛玉的图片，这样的做法合适吗？当然，这样做会对理解课文有一定的帮助，但这样一来，就使学生的头脑中贾宝玉和林黛玉的形象固定了下来，反过来也扼杀了学生的想象力。再比如，有老师讲《斑羚飞渡》，借助视频动画让学生明白斑羚是如何飞渡过去的，或者让学生自己利用一些道具来演示斑羚飞渡的过程，且一上课就把好多张斑羚的照片一张一张展示出来，最后还介绍斑羚属于哪个科，它的生活习性和特征等等。这种做法很值得商榷：这样直接转化，是否有利于提升学生的想象力、思考力和表达力？语文课，教师尤其应该给学生留下想象的空间，给学生想象的权利，让他们尽情地去想象、理解、感悟、发现。如果老师一上课就给出一个具象的欧阳奋强或陈晓旭，那么，那么多学生眼中就只有一个贾宝玉或林妹妹，这是很遗憾的事情。

一般来说，当学生面对的是一些比较抽象的内容，而这内容背后的一些东西在学生的经验中并不具备时，用多媒体补充信息效果就会比较好。如果学生能够想象出来，就没有必要用多媒体了。语文课，讲究"悟"字，教师要带领学生从文本的字里行间"悟"出一些道理。但这"悟"来自文字本身，来自文字所给予人的想象的空间。而现在，多媒体的过度使用是否掠夺了学生想象的权利？这纷繁热闹的氛围里，学生还能认真思考语文的真谛吗？

多媒体的影响也开始波及教师的板书，现在，很多教师选择用多媒体课件代替传统板书，特别是在一些观摩课和公开课上。原因很简单：一是时间紧张，多媒体课件提前准备好，轻轻点击就可展示，省去一笔一画板书的时间；二是有的老师字体不太美观，课件展示可以避免献丑。不可否认，这些都是用课件代替板书的优点，而课件的美观性也似乎更能吸引学生的注意力，激发他们学习的积极性。但是多媒体课件就可以因此代替传统板书了吗？

要解决这个疑问，我们先要清楚板书的作用。我们知道，视听结合是学生学习的有效途径，但教师不能把课堂上所讲的每一句话都板书下来，只能选择本节课的知识要点进行板书，借以帮助学生加深记忆，理清知识框架，形成知识网络。传统板书是教师根据教学进度而生成的，板书的过程是引领学生思考的过程，也是思考成果逐步成型、逐步展示的过程，这一过程基本跟学生的思维同步，有遇水搭桥、逢山开路的作用。而多媒体课件呢？多媒体课件具有便捷的优势，但由于它只能在课前根据教师的预设而制作，所以，它在课堂上的出现就缺少了过程性，而过程性恰恰就体现为学生思维的过程。这样说来，多媒体课件从应用的角度上来说，就不太适合学生的思维过程。从另一方面讲，传统板书更符合课堂的灵活性、生成性。课堂需要预设，但课堂的精彩更在于生成，成功的课堂更是生成的课堂。教师的灵感，学生的猜想、假设、分歧、顿悟等，这一切都无法完全预设，此时，板书就显示出它的灵活性，它可以随着课堂的推进而生成，可以紧跟学生的思维，随着学生的思维而改变。而多媒体课件由于是提前制作的，内容理所当然是固定的，课堂上，教师就容易被这个固定内容牵制而忽视了更多的灵感，使得课堂机械单调。最后，板书是随着课堂的推进一步步形成的，具有连续性和持久性。而多媒体课件呢？它只能在学生眼前稍一展示，便随着教学过程的推进而从屏幕上消失，很难给学生留下深刻印象。

有些教师过分追求情境的"逼真"效果，在课件中往往会配以各种声音或音乐，甚至还插有小动画。学生处于多动的年龄，非常容易为这些信息所吸引或干扰，很难集中精力在文本上。这无异于为课程内容人为地裹上一层"糖衣"，学生很可能为花花绿绿的"糖衣"所迷惑，而对要吞下去的糖果却毫无兴趣。

过度使用多媒体最大的不足在于教师精力的浪费。教师的精力是有限的，当他把全部的精力都投入到多媒体课件制作上时，他是否还有精力细读文本，或者研究学生？从这点上来说，这确实是件得不偿失的事情。

综合以上种种情况，对多媒体的运用，还是适量为好，千万不能因为多媒体而剥夺了学生形象思维的权利，不要让学生因多媒体的闪烁而只得到肤浅的认知。

合作交流要注意"三性"

随着新课改的深入,"自主学习、合作交流"成为主要的学习方式。这两种学习方式,确实有助于新的师生关系的建构。就其中的"合作交流"方式而言,在实际操作中有哪些要注意的呢?

先看这样一个案例:老师提出问题,前后桌之间马上展开合作交流,一时间,班内桌凳乱动,讨论声四起,气氛很是热烈,学生学得似乎很投入。但是,如果此时你走到学生中间,仔细倾听一下他们讨论的内容,你就会发现,原来,他们讨论的多是皮毛,并未深入问题的本质。为什么会出现这种现象?

让我们先回顾一下刚才的环节:老师提出问题,学生马上进入合作探究,中间是否缺少自学环节?没有自学,何来自己的见解?没有自己的见解,拿什么来讨论探究?萧伯纳说:"你有一个苹果,我有一个苹果,我们彼此交换,那么你和我仍然各有一个苹果。你有一种思想,我有一种思想,我们彼此交换,那么,我们每人将有两种思想。"这句话的前提是你有一个苹果,我也有一个苹果;你有一种思想,我也有一种思想。只有这样,我们才能彼此交换。当学生没有苹果、没有思想时,他们能交换什么呢?

你也许会说:即使没有自学的环节,但他们仍然在交流啊。是的,他们是在交流,但此时,他们的交流是肤浅的,他们的理解仅仅来自生活经验,而并非来自文本阅读和专注的思考。所以,交流必须讲究"科学性",课堂中的交流与合作一定要建立在自学的基础上。

除了讲究科学性,合作交流更要强调"必要性",切不可为交流而交流。再看一个案例:在一节新授课上,学生遇到了生字不会读,老师让大家交流交流。这样的环节让听课的人很是诧异,遇到生字不会读,最好的方法是查字典啊，难道交流就能交流出字的读音来？所以，合作交流一定要讲究"必要性"，过难或过易的问题都没有合作交流的必要——过难的问题，交流也交流不出个所以然来，而容易的问题自己一个人就能解决，也就不存在交流的必要性。

很多时候，正因为我们的合作交流不具有"必要性"和"科学性"，所以，合作交流就远离了"真实性"，出现了"虚假性"。有这样一个案例：老师先让小组合作交流，有不懂的问题小组内解决，如果问题小组解决不了，再提交上来由全班同学共同解决。这种理念很好，让学生自己发现问题、解决问题，即使小组内解决不了，也会有更多的同学来帮助。但在全班交流环节，却发现某同学提出疑问，而他前后左右的同学都纷纷举手，老师也似乎没有考虑，叫起他的桌友来回答。看到这里，我很不解：难道他和桌友不是一个小组的？

他和桌友绝对是一个小组的，之所以出现这样的现象，就是因为刚才的合作交流是虚假的。当老师提出合作交流时，他们处于喧哗、浮躁的心境下，课堂呈现出一片虚假的繁荣，这种课堂中的合作是假合作。

如果仔细听小组代表的发言，也会听出来一些问题。例如，有的小组代表站起来就说"我以为""我觉得""我的观点是……"，既然是小组的代表，你代表的就应该是本组意见，而不是个人见解。同样，教师对小组汇报的评价也不应该是"你说得真好""你的见解真不错""你的观点很有道理"，而应当将小组作为评价对象。

合作交流不是一剂对万事都适合的良药，教师一定要斟酌问题的难易程度，考虑交流的必要性，保证合作交流的科学性。同时，教师也要尽力确保小组内成员的合理分工，保证合作交流的"真实性"。

在合作交流中还有一个重要的问题就是许多教师不知道自己在合作学习中所扮演的角色。如，有的教师只是眼望天花板，无聊地站着，等着合作交流结束；有的老师把课前应做的准备工作转移到课堂上来做，在学生讨论时忙自己的事情，对学生放任自流；有的老师太过于勤快，对学生干预过多。所以，教师必须明确一点：教师的角色是领导者、计划者和设计者，教师在合作交流中要做的就是观察和总结，对于学生只能适当引导而不能过度干预。

在合作交流环节注意到了以上"三性"，课堂教学的有效性才会相应提高。

复习课要"三化"

复习是学习过程中的一个重要环节，学生要通过此环节对所学的知识温习巩固、查漏补缺，从而把零散的知识条理化系统化，让暂时性记忆成为永久性记忆，机械性记忆变为理解性记忆，把知识内化，为我所用。为更好地达到复习课的目标，要注意"三化"：归纳整合复习内容，使知识系统条理化；采用多种复习形式，让复习形式多样化；精心设计引领语，让复习指令清晰化。

一、归纳整合复习内容，使知识系统条理化

对于复习内容的确定，绝对不能只把之前讲授的内容重新"加热"一遍，而是要站在一个更高的角度，系统归纳整合本学期的学习内容。要做到这点，就需要整合教材，打破原有的教学顺序，把有相同点或者有关联的章节综合在一起，找出潜藏在零散知识背后的纽带，搭建一个完整的知识框架，形成一张清晰的知识网络图，让零散的知识系统化、条理化。例如，余映潮老师在带领学生复习人教版八年级上册第三单元时，就采用了语段阅读、语段写作的方式，让学生通过综合复习一些片段，理清楚"总分"式思路、"并列"式思路、"步骤"式思路、"主次"式思路、"衬托"式思路、"分类"式思路、"穿插"式思路和"部位"式思路等。可以说，余老师的这节复习课，真正实现了整合单元教材，搭建完整的知识框架。还有一个例子，鲁教版六年级教材，每单元只有一篇文言文，复习时，一位教师就打乱了教材的编排顺序，把文言文放在一起系统复习，让学生描绘出和文言文有关的知识结构图，从通假字、一词多义、古今异义、词类

活用、重点虚词、特殊句式等方面引导学生进行梳理。通过这样的复习，让学生把凌乱的文言文知识系统整合起来，形成一个完整的知识结构，从而起到一线穿珠、巩固提高的作用。

二、采用多种复习形式，让复习形式多样化

复习环节时间短，任务重，很多教师一着急，就把需要掌握的东西归纳好，往学生面前一放，"你们背这些就行了"。其实，这样的做法剥夺了学生的参与权和发现权，学生理所当然没有主动性。复习课上，教师不能采用自己总结好"端着喂给学生吃"的方式，也不能采取"放羊式"的复习方式。教师要把复习的权利还给学生，通过组织种种活动让学生参与到学习中来，以便了解学生最真实的学习状况，进行相机点拨，让学生在现有基础上有更大的提高。例如检查背诵，可以通过组内检查、组间检查、小组推荐、组间指名背诵、男女生声部背诵等多种方式，给学生搭建展示的平台，调动学生的积极性，让学生主动参与到学习活动中来。再例如，整理文言文知识结构图时，教师只提供知识结构图的框架，只列出通假字、一词多义、古今异义、词类活用、重点虚词、特殊句式等几个方面即可，具体内容则由学生自己完成，并让学生多方位、多层次地展示、表达，让学生真正参与整理、评价的过程，充分调动其积极性。

三、精心设计引领语，让复习指令清晰化

把学习的权利还给学生，并不否定教师的引领作用，复习课中，教师的引领一定要清晰化。

司机开车，不仅要明确目的地，而且要清楚行车路线。学生的复习也是这样，他们不仅要知道复习课的内容和目标，而且要明白达到既定目标的复习途径。这时候，就需要教师清晰的引领。例如，同是自由复习这一环节，一位教师说："今天复习《三峡》，先给大家十分钟时间自由复习。"之后，学生开始自由复习。但是，学生要复习什么，怎样复习，教师没有交代，而学生在自由复习中的唯一状态就是拿着课本看书，仔细观察会发现他们的眼神是游离的。而另一位教师这样引领："今天复习《三峡》，先

是十分钟的自由复习，此环节要完成三项任务，一是会读字音，二是理解课下注释以及重要字词，三是能够流畅地翻译。对于字音，可以通过桌友之间互相背诵课文的方式来落实检查；对于理解课下注释以及重要字词，可以采用桌友互相提问的方式进行检查；对于翻译，要独立完成，自己出声翻译一遍，此过程中不看课下注释，自我检测哪个地方进行得不太顺利。好，现在开始。"这几句话，清楚地介绍出自由复习环节的学习任务以及完成任务的途径，学生知道了学什么和怎么学，接下来的学习肯定是高效的。

　　做到以上"三化"，复习课就不仅能起到温习旧知的作用，而且还能起到归纳提高的作用，这才是复习课的真正意义所在。

语文课，别让黑板闲着

自从有了多媒体，黑板的作用似乎变得越来越小。那天听一位老师讲《伤仲永》，一节课下来，黑板上竟然连一个字都没有，所有需要展示的内容全都放在了幻灯片上。有了多媒体进行展示，再一笔一画地板书似乎就没有了必要。当然，我们不能否认，多媒体具有信息丰富、呈现快速、形式美观等优势，也能展示出教师需要板书的内容，但是因为多媒体有一定的优势，黑板就该闲置起来吗？多媒体就一定能代替板书的作用吗？不，多媒体有多媒体的优势，板书也有板书的长处。

我们先来看一下板书有什么样的作用吧。对于一般的课堂来说，板书能够参与建构课堂教学情境，例如，上课伊始，教师可以用大号而正规的字体书写课文题目、作家姓名等，为学习活动创设一个简单的情境，将学生的思维带入其中。其次，在教师的口语表达以及学生之间的对话中，常常有一些生僻的词语、陌生的概念、含有重要信息的短句等，由于口语表达有一定的模糊性，且转瞬即逝，因此，这些表达不容易被学生理解，有的还会产生歧义，而以板书的形式将某些口语表达以固定的方式呈现出来，就能在一定程度上避免上述问题，使表达变得清晰、简明。更为重要的是，板书可以强调关键知识，对一些与教学目标关系密切的概念、术语等，学生在课堂上听一遍是不够的，写在黑板上，教师就可以反复提及，学生在讨论中也会尝试着运用，从而不断深化理解。利用板书来强调重要信息，还可以引导学生做课堂笔记，帮助学生加深记忆。经验证明，学生对课堂板书内容的记忆要远远超过对说话内容的记忆，许多人多年后还记得中学老师在黑板上写板书的画面就是这个道理。总之，视听结合是学生学习的有效途径，课堂上对知识要点进行板书，能帮助学生加深记忆，理清知识框架，形成知识网络。

板书能真实记录教学过程，反映师生在课堂中的思考轨迹，适合学生进行理解时的思维速度。板书是慢节奏的，特别是对于逻辑性较强的推导过程，老师板书时，可以边讲、边写、边呈现，这是给学生思维搭"梯子"的过程，是引导学生思维训练的过程，如果学生的思维跟不上，教师还可以停下板书等一等，根据学生的思维速度控制板书和授课的节奏。而多媒体课件在展示时大多把全部内容一下全盘推出，中间没有消化过程，不管学生能否接受，是否理解，多媒体课件就那么一股脑儿地把知识体系完全呈现在学生面前。更重要的是，传统板书的关键词可以由师生共同讨论确定。刚开始时学生的认识可能不太统一，但随着教师的引领，学生的认识会由争论到统一，选择的词语也会由不确切到确切，在这一选择和思辨的过程中，学生可以一直体验思考的乐趣，感受到思考逐步深入的收获。

确实如此，学生阅读文章、选择板书关键词的过程，也是理解课文主旨和细节、辨析词语含义、反复鉴别、比较反馈的过程，但由于学生的思维尚不太深刻，存储的词汇量也不多，所以学生在课堂上归纳的关键词与教师的预设常常不一致。此时，有经验的教师不会对学生归纳的词语置之不理或简单否定，而是捕捉学生发言的闪光点，并比较其差异，及时作出评价，使学生的认识一步步接近教师预设的结论，即与教师预设的关键词统一。这样，虽然板书仍然是教师备课时预设的几个关键词，但这些词语显然已经得到了学生的认可，成了师生共同得出的结论。

但如果是多媒体呢？一位老师在讲授《向生命鞠躬》时，要求学生自由朗读课文，读完之后要求学生用恰当的词语概括蚂蚁逃生的经历。学生思维活跃，发言积极，把蚂蚁逃生的过程概括为"被抓""受伤""逃跑"三个环节，教师听完学生的发言后，点开了多媒体课件，课件上呈现的是"被擒""受创"和"逃生"，尽管这三个词语和学生概括的"被抓""受伤""逃跑"大同小异，但词语之间的变化还是很明显的。从品味词语的角度分析，"被擒"比"被抓"更具书面语色彩，因而更显得典雅规范。辞海里注解"创"有"创伤"的意思，语感上"受创"似乎比"受伤"更强调受伤的过程，比"受伤"更符合文章意思。"逃生"呢？"逃生"强调的是"逃"的价值，比"逃跑"更有表现力。但问题在于，由于多媒体课件是提前准备好的，教师一点击，就直接出现了这三个更加恰当的词语，这样一来就省略了词语与词语的比较过程，而缺少了比较，也就缺少了从不完善到完善的提升这一重要环节。

  语文课，难免要检查学生对生字词的掌握情况，但很多教师只是习惯于让学生在练习本上听写，然后再费时费力地让学生口头表述哪里出现了错误。尽管学生费了很大的力气，可有时候还是说不清到底错在哪里，弄得教师糊涂，其他学生更糊涂。每当看到这样的场景，我都在想，如果有针对性地叫几名学生到黑板前听写，是否更直观，更便捷，更容易了解学生掌握的基本情况？再者，对于有机会到黑板前展示的学生来说，是否又能更好地调动他的学习积极性？

  当然，除了生字词的听写，还有很多问题可以让学生书写在黑板上，例如赏析词语的特殊用法、品析语句特点等。但一般情况下，老师总怕浪费时间而不让学生上前板书，仅仅是让学生在练习本上练习。其实，如果把学生练习、口头回答和因为表述不清而进行重复的时间加在一起，并不一定比到黑板前板书节省时间。并且，学生口头读出来的内容，往往给人留不下深刻的印象，倒不如直接让学生去黑板前板书展示，其他学生直接对着黑板上的内容，增增减减，改改调调，这样既清楚直观，又可以留下更深刻的印象。

  语文课，千万别让黑板闲着。如果我们让多媒体课件代替了板书，我们失去的将是一个个惊喜，一次次精彩。课堂，是师生思想交流的场所，别让闪烁的画面代替具有温度的板书……

千万别丢了"钥匙"

据某报载,某高校一生外出,想留张便条,可他绞尽脑汁都没有想到"钥匙"这两个字怎么写,问遍同宿舍的人,竟没有一个人会写,最后只好用英语单词"key"来代替了。

这是个充满苦涩的幽默,也是语文教学最大的悲哀,都说中华民族的文化是一座宝库,可是我们的孩子连"钥匙"都丢了,还能进得去宝库的大门吗?语文课程标准规定:"认认真真写好字,是教学的基本要求;练字的过程也是学生性情、态度、审美趣味养成的过程。每个学段都要指导学生认真写字。重视学生的写字姿势,讲究写字教学策略,引导学生掌握基本的书写技能,养成良好的书写习惯,提高书写质量。"上海洋泾中学校长李海林教授曾说:语文教学是"培养学生正确使用祖国语言文字能力",重在"能用",而不是"知道",语文教学不是培养"谈论语言的人"的教学,而是培养"使用语言的人"①。要"使用语言",最简单的标准就要认识字、会写字、会用字。

但是,我们的学生还是出现了丢"钥匙"的现象。在很多公开课上,我们的识字教学环节仅仅局限于导课完毕对所谓的重点字词指名读一遍,纠正一下有误的,然后再齐读一遍,接着就到了下一个环节,以至于后面再朗读课文时,仍然有学生对于个别词语读不准或者读不出,更遑论书写了。那么,该谁为丢"钥匙"现象埋单呢?答案毋庸置疑,是语文老师,这是我们语文老师在平时教学中对字词重视不够或者方法不当所导致的。2008年,全国高考《语文考试大纲》作出"错一字扣一

---

① 李海林.李海林讲语文[M].于漪,刘远,主编.北京:语文出版社,2008:58.

分，上不封顶"的规定，就是针对我们不重视写字、写错字、用错字的社会顽疾下的一剂猛药，把语文基础和高考紧紧捆绑在了一起。这并不为过。

我们暂且把这种对所谓的重点字词读一遍的方法称为"朗读识字法"，这种方法只提倡读，不提倡写，可取吗？当然不可取。这样做唯一能达到的目的只是让课堂环节完整，让听课的老师挑不出什么毛病。但是，是否这样简单一读学生就能真正掌握重点字词了呢？到底怎样才算真正认识一个词语了呢？

真正认识一个词语需要三"会"：会读，会写，会运用。因为汉字是音、形、义三者的有机结合。对于读音的检查，要让学生"读一读"，看学生是否能读准；对于字形的检查，则要靠"写一写"，检查学生是否掌握了字形；而对于词义的检查，则需要"用一用"，看学生能否用得正确，是否理解了词语的意思。但是，我们的老师只是"一读"带过，似乎只要会读，字词学习中所有的问题都能解决。这样的课堂，学生出现丢"钥匙"的现象就不足为奇了。

使用"朗读识字法"时，老师在正确引导上不舍得用时间，而往往在反复强调字形容易错在哪里时毫不吝啬时间。其实，这样做是对错误的一种强化，会对学生形成一种误导，学生非但没有记住正确的字形，反倒记住了错误的字形。与其这样，倒不如让学生用这些时间去写去记，如果发现了学生书写的错误，再去纠正也不迟。只有让学生写一写，我们才能真正发现学生到底缺少什么。

除了"朗读识字法"，老师运用较多的还有另外一种方法——"随文识字法"，这是说老师在讲授新课时，遇到生字词就随机灵活地处理，而不是提前集中处理。这样的处理方法有两个好处：一是能够把生字词放在句子中，让学生紧密结合句子的意思去理解词语，真正做到字不离词、词不离句、句不离篇；二是这样的识字方法因为有具体的语言环境，学生对词语的理解往往更深刻，更容易形成永久性记忆。

"随文识字法"还有一大好处，就是避免了老师们在导课环节费尽全身力量激起的学生的学习兴趣，因为课堂环节突然转到了生字词的处理上而一落千丈。但是，这样的方式也有弊端，它不适合生字词量特别大的文章，因为如果生字词的量比较大，这样分析，无形中会把课堂弄得支离破碎。

  这样看来,要让学生真正认字,真正做到会读、会写、会用,唯一的秘诀就是要把音、形、义结合起来。那就让我们从这点做起,从识字教学做起,踏踏实实地走好每一步。只有这样,我们才不会让学生丢了"钥匙"。

教师要善于营造合适的场

　　语文，是感性的所在，不同的篇幅讲述不同的故事，承载不同的情感，有喜有怒，有哀有乐。正因如此，语文教师在课堂上就有了一项特殊的任务——要善于营造和文本吻合的场。

　　《爸爸的花儿落了》是作家林海音回忆爸爸病危和最终离世时的情景，以及与爸爸有关的几件事，凸显了爸爸对子女的爱，全文笼罩着淡淡的哀伤、沉沉的思念，表达了对爸爸的爱恋，以及由此而生的丧父之痛，朴实的语言中蕴含着真挚的情感。但是，正是这样一篇催人泪下的文章，在某个课堂上，却因一个环节的设计——教师让学生表演英子因下雨怕迟到难堪不想上学而遭爸爸打的情景——而发出了阵阵笑声。不管教师的教学理念多么先进，教学水平多么高超，就因为这阵阵笑声使我固执地认为这是一节失败的语文课，是一节根本没有走入文本的失败的课。

　　类似的文章还有很多，如杨绛先生的《老王》、朱自清先生的《背影》、聂华苓的《亲爱的爸爸妈妈》等，都笼罩着淡淡的哀伤，甚至生离死别之情。讲授这样的文章，教师就要在课堂上依靠自己的态势、面部表情、说话的语气及速度来营造一个肃穆的场，让学生于肃穆气氛中走入文本。

　　除了营造一个适合文本内容的场外，教师还要营造一个利于语文学习的场。例如，上课前两分钟，师生都进入教室，进入候课状态，有的教师组织学生背诵一首古诗，让琅琅的背书声开启一天的语文学习之旅；有的教师给学生朗读一篇美文，在深情的朗诵中打下一天的学习基调；有的教师则组织学生讲述成语故事，用故事拉开语文课的序幕……在这里，无论哪位教师，都用自己的个性和特长搭建了一个适合语文的场，让学生被有声的语言紧紧吸引。像这样在一节课的开始营造一个适合语文学习的场，必将唤醒学生的语文意识，激活学生的语文思维，这一切，都会给他们的成长打下深深的烙印。多年后，学生对于曾经学习过的文章可能会忘却，但我坚信，这琅琅的读书声、背书声或讲故事的声音，将会一直回响在他们耳边。

　　语文教师，一定要善于经营一个适合语文的场，无论是课在前的候课环节，还是在课堂中的各个环节，这样，语文才能像中药一样，慢慢煨进学生的心灵。

遇到问题，往上个环节推一推

课堂上，总会遇到某些环节变成了一道坎，学生费很大的力气也难以跨越的情况。这时候，老师总是容易着急，但老师越着急，学生越是不知道该怎么去解决，课堂就容易僵持起来。请看下面的案例：

《陈太丘与友期》是鲁教版六年级上册的一篇文言文，是学生升入初中接触到的第二篇文言文。也就是说，在学习这篇文章之前，学生只学过一篇文言文，还基本没有文言基础。但那天，上课伊始，老师先让学生自由朗读课文，要求朗读完毕用一句话概括故事梗概。当学生朗读的声音渐渐低下去之后，老师指名几个学生站起来概括，但站起来的学生并不是用一句话概括，而是复述故事，老师再三提醒，仍然未果。老师只好说："好，我们先把这个问题放在这里，等结束时我们再看看该怎么概括吧。"

还好，老师比较明智，选择了在适当的时候把问题暂时放下来。

课堂仍在进行。接下来到了积累词汇环节，在这个环节，老师采用了"老师提问—学生读注释回答—老师再口头重复一遍"的流程。对于文言词汇的积累，就在这样的一问一读一重复中度过了。这个环节结束后，课堂就进入了"翻译课文"环节。这时，问题来了，学生翻译得很艰难，老师开始着急上火。

为什么会出现这样的情况呢？当出现这样的情况时，老师应该怎么办呢？一味地着急上火能解决问题吗？我们来分析一下刚才的环节。

第一个环节：概括能力确实是语文学习中需要重点训练的一种能力，老师提出"用一句话概况"的要求一点也不高，但为什么学生达不到呢？那就应该看提要求的时间是否合适。这是六年级学生接触到的第二篇文言文，他们阅读文言文的能力当然还很低，在这种情况下，学生只朗读了一遍就要求他们用一句话概括，这样的要求是否太高了？仅靠一遍阅读，有的学生可能连读通都达不到，能复述故事梗概已经很不错了。如果这样分析一下，当大多数学生不能达到老师的要求的时候，我们不应该只责怪学生，应该去上一个教学环节找问题，看能否够稍微加变动以适应学生的学情。

第二个环节：这个环节是疏通字词，老师叫到谁，谁就站起来读课本下的注释，教师再仅凭口头解释一下加强印象，没有强调，更没有分析。这样的教学环节能让学生的大脑积极活跃吗？如果没有大脑积极活跃的参与，对词语的理解会扎实、透彻吗？词语理解不扎实、不透彻，翻译环节会顺畅吗？

我们由此可以得出一个结论：当课堂上出现了学生无法跨越的障碍时，老师要停下来想一想，刚才课堂上的步子是否迈得太大了，提出的问题是否不太符合学生的实际，等等。只有这样的思考，才是从根本上进行的思考，只有有了这样的思考，课堂才能真正属于学生。

发现问题不是根本目的

学习过程，是发现问题、解决问题、再发现问题再解决问题的过程。只有这样螺旋上升，学生的学习能力才能得以提升。如果只发现问题而不引领学生找到解决问题的思路和方式，只让学生花费力气去识记和背诵，这样的学习绝对是低效的。

有这样一个案例：语文课上，老师检查生字词，让三名学生到黑板前听写。这样的环节很扎实，学生在黑板上一笔一画地书写，更能全面地反映其对字词的掌握情况。但听写完毕，老师对错误字词的处理却让人心生遗憾。在黑板上书写的三位学生或多或少都有错误，其中，"阴霾"的"霾"，三位学生都不会写；"锲而不舍"的"锲"，两位学生写成了"契"；"物是人非"的"是"、"迫不及待"的"及"以及"抵御"的"御"字都有学生写错。当出现这种情况时，应该是老师引领的关键时刻，老师应通过自己的专业知识，让学生区分"锲"和"契"、"及"和"急"、"是"和"事"的差别，掌握"霾"和"御"的写法，但这位老师只是在黑板上画了几个叉号，然后对学生说："下课后，请把这几个错别字分别写五遍。"

听到这里，我有很多的疑问：为什么是下课后写五遍而不是现在就一笔一画地写五遍呢？再者，写五遍就真的能不再写错了吗？他们写错，是因为原来没有练习五遍吗？在这个时候，我们是否应该分析一下学生为什么在这几个字上出现错误呢？

当然，其中有较为复杂的字，例如"霾"字，因为字形复杂且不太常用，学生可能真的不会写，但正因为不会，才说明学生对这个字不了解，学生才更需要老师的帮助，需要老师的引领。这时，老师需要帮助学生理清"霾"字的本来意义，给学生讲清楚"霾"字的字形演变过程。甲骨文中,"霾"的上面是"雨"字的简省形,下边是一个兽形,旁边有几个小点,表示脏兮兮带有尘土的雨点下到动物身上,使动物身上尘斑点点。小篆的"霾"字演变为形声字,"貍"是"埋"的初字,原本表示把祭供的动物埋入土坑中,因而也有土点下落的意思。如果给学生讲清楚以上内容,那么,这个字是否就可以分为"雨""豸"和"里"三部分来记忆了呢?除了这个"霾"字,其他的字都是常用字,按说学生应该会写,应该会写的字为什么还出现错误?怎么才能不让学生出现错误?仅仅是抄写五遍吗?

至于其他几个词语,当学生把"锲而不舍"的"锲"写成了"契"时,表明学生不理解"锲"和"契"的意义区别,此时老师需要强调"锲"是镂刻的意思,镂刻时需要用到金属器具,所以有金字旁,而"契"多作名词,和金属无关。这样一区分,学生再写"锲而不舍"是否就会避免"锲""契"混淆的错误?还有"迫不及待"的"及"和"抵御"的"御",如果老师也能从音形义三方面帮助学生进行区别,学生在听写时还会出现大面积的错误吗?

老师的重要作用就是在学生遇到困难的时候巧妙点拨,让困难的变容易,让复杂的变简单,让抽象的变得直观形象。要做到这点,老师就要找出学生出现问题的原因,并制定相应的措施,让那些经常出现错误的地方再也不出现错误,让学生的苦学变成巧学,苦练变为巧练,这才是一个教师专业性的体现。

一位老师在讲授"蠹"字时,为了便于学生记忆,编了一句口诀"一中头,宝盖腰,石头底下两虫叫",不仅准确地反映了字形,而且还暗示了"蠹"的意思——蛀蚀。另一位老师让学生写羡慕的"慕"字,有个学生总是写成两边各两个点,老师发现后,就把这个学生叫过来,询问他写错的原因。原来学生觉得这个字下半部分看上去像是个"小"字,"小"的左边一个点右边两个点,觉得不对称,两边各有两个点就对称了。老师意识到,学生对字的结构、字形变化不够了解,于是他除了耐心地告诉学生,这并不是一个"小"字,而是"心"字的变形,这个斜弯钩实际上就是竖钩,还在以后的教学中有意识地介绍一些字形结构的知识。

教师就要拿出自己的专业知识,让学生因为你的存在而得到专业的引领和点拨,让学生因为你的存在而少了学习路上的障碍,少走弯路。

第四辑
我这样教语文

◎"成长=经验+反思",这是波斯纳关于教师成长的经典公式。作为教师,反思和记录是成长的一种方式,我的课堂,我曾进行过记录,它是这样子的——

百草园里"沐"书香

"阅读是写作的基础",叶圣陶老先生言简意赅地阐明了阅读与写作的关系。读和写是相辅相成的,犹如一对孪生兄弟。在当前阅读教学中,教师已经认识到既要"读进去"又要"写出来"的重要性,读写结合已成为广大语文教师的共识。《从百草园到三味书屋》是鲁迅先生的一篇回忆性散文,在执教此文时,我从以下四个方面进行了读写结合训练的尝试。

第一,欣赏"美丽的百草园",仿写一种句式。

鲁迅先生独辟蹊径,用一个巧妙的句式——"不必说……也不必说……单是……",就把百草园的美丽向读者一展无余。对于公认的美景,鲁迅先生可谓是惜墨如金,经过寥寥数语的描绘之后,就"不必说了",留给读者无尽的遐想空间。而对于平日不大注意的泥墙根一带,却以一个天真儿童的视角和心理去感受它,触摸它,使泥墙根一带立刻就妙趣横生,让每一位读者顿时感觉百草园每一寸泥土都掩藏着乐趣,每一种生物都在诉说着愉悦。文学大师匠心独运,只一个简单的句式就使百草园如一幅美丽的图画般浮现在读者眼前,可谓字字珠玑,字简而韵无尽,声绝而音绕梁。

在学生欣赏过"百草园"的美景之后,我让学生运用此句进行仿写训练,描绘濮阳美丽的风光,描写教室整洁的环境,描写操场上同学们的活动等。一名学生运用此句式描绘濮阳美丽的风光时这样写道:"不必说绿意盎然的绿色庄园,繁花似锦的世锦园,庄严凝重的戚城遗址,现代气派的中心广场;也不必说联华广场闪烁的霓虹灯,商贸中心如织的人流,中原油田繁忙的井场。单是那濮水河畔的西环游园就能吸引你驻足凝望,流连忘返……"学生在仿写中学会了取舍,学会了用自己的视角去观察事物,学会了用自己的体验去感悟生活。

第二，领会"捕鸟的乐趣"，扩写一个片段。

"百草园捕鸟"，充分展示了童心童趣，多数教师在执教此段时更加侧重对动词运用的分析。而我在教学中，则让学生张开想象的翅膀，把此语段扩写成一篇短文，使这部分内容更加丰富生动，更加贴近学生的生活。学生本来特别喜欢捕鸟，现在就大有用武之地，非要好好和鲁迅先生比赛一番不可。他们大胆想象，在扩写中加入了适当的心理、神态和动作描写，想象出了许多意想不到的新奇场景。一名学生这样写道："在一块空旷的土地上，一个穿着厚厚棉衣的小男孩，撅着屁股（因穿得太厚而蹲不下去），一边系绳子一边想：有没有鸟雀来呢？一边想，还一边时不时地抬头望一眼天空，看能否从天上看到鸟的踪迹……"另一名学生写道："几只小鸟落下来，一步步靠近了大竹匾，躲在树后的小男孩儿随着小鸟的跳跃而紧张起来，额头也渗出了细细的汗珠，似乎那小鸟是在他的额头跳动，可是那几只小鸟仍然悠闲自在地在竹匾周围跳来跳去，就是不往竹匾里钻……"

第三，聆听"美女蛇"的故事，仿写一次经历。

"美女蛇"的故事给百草园增添了无数的神秘感，我与学生共同品读美女蛇的故事后，让学生用一个词来表现自己聆听到这个故事时的心理活动，学生一一列出忐忑不安、心神不定、心惊肉跳、惊恐不安、毛骨悚然、夜不能寐等词语。此时，我指导学生："在你的生活中，是否也有这样'忐忑不安、心神不定、心惊肉跳、惊恐不安、毛骨悚然、夜不能寐'的时刻？当时发生了一件什么样的事情让你有了这样的感受呢？请把它写下来。"学生思维开阔，写出来的经历有声有色。例如，有的学生写夜行路上遇到一只花猫，从而引起自己担心害怕的事情；有的学生写在农村老家经过茂盛的玉米地时的心情；有的学生写邻居家里被盗，自己又只能独自一人在家而恰遇别人敲错门时的心情……这些描写，都能做到惟妙惟肖。

第四，跨越时空隧道，改写一个人物。

通过对寿镜吾老先生这一人物形象的分析，学生对他是既敬佩，又可怜——敬佩他知识渊博而又富有爱心，可怜他的迂腐。在这种情感的激励下，我启发学生跨越时空隧道，畅想在21世纪的今天，假如寿镜吾老先生仍执教于三味书屋,他将如何工作,并将怎样对待他的学生呢?学生展开丰富的想象,为寿老先生设想了丰富多彩的生活片段。有的学生写道:寿老先生在小花园开办了生物园地,带领学生进行科学试验;有的学生写道:寿老先生正坐在电脑旁,和一群学生查询关于东方朔的资料……

　　实践证明,读写结合是迅速提高学生阅读和写作能力的有效手段,在语文教学中,语文教师要紧密结合教材,深挖教材中适于读写结合的地方,把规律教给学生。学生掌握了这种规律,就会从读中悟出写的门径。

"一石五鸟"来释题
——谈《陈涉世家》的释题

在教授《陈涉世家》一课时，按照常规，大多数教师是先介绍作者司马迁，然后介绍《史记》，最后介绍"世家"。但那天备课时，我忽然意识到在这样的流程中，一直是老师设计好了问题来询问学生，老师提出的问题，不一定是学生迫切需要解决的。怎么办？怎么才能把问题转化为学生的问题？我灵机一动，运用了"一石四鸟"的方法——从"世家"引出《史记》，从《史记》引出司马迁，从司马迁引出背景。结果表明，同样的内容，由于采用了不同的方法，把问题转化成了学生的问题，学生学习的兴趣较高，条理性也较强，课堂教学效果更好。

那天，板书课题后，我问学生："题目中有几个词语？分别是什么？"学生回答："两个，一个是陈涉，一个是世家。"我紧接问："谁能给大家讲解这两个词语？"话音刚落，好几个学生就高高地举起了手，但是，他们讲的都是陈涉，因为大家早就从历史课本上知道了陈涉，而没有一个人讲"世家"。这时，大家都很迷茫，因为他们还没有接触过"世家"。此时，我引导学生快速从注释上找出"世家"的解释，由于大家急于知道答案，所以翻书的速度特别快，不一会儿，就有学生给大家解释说"世家"是"《史记》传记的一种，主要记载诸侯之事"。我趁机在黑板上板书"《史记》、诸侯"。由于这是学生自觉从众多信息中搜索到的，所以大家对"世家"的了解特别深刻。

此时，我又紧接着提了一个新问题："既然世家是《史记》中传记的一种，那么谁能给大家讲讲《史记》呢？"学生马上介绍起《史记》，我把大家介绍的庞杂的内容梳理成四句话：1.是我国第一部纪传体通史；2.记载了从传说中的黄帝到汉武帝长达3000年的历史；3.全书共130篇，其中本纪12篇，世家30篇，列传70篇，表10篇，书8篇；4.鲁迅评价它为"史家之绝唱，无韵之《离骚》"。

紧接着，我又提出第三个问题："那么，受到鲁迅先生如此评价的这部史学、文学巨著，出自谁手？"这一问自然而然地引出了对司马迁的介绍。学生对司马迁进行了详细的介绍之后，我又引导学生按照姓名、朝代、评价、著作四个方面进行了归纳。

至此，释题似乎已经完全结束。但是我总觉得如果不介绍司马迁的写作背景，似乎还有欠缺。于是，我提问："谁知道司马迁在什么情况下写出的《史记》？"迟疑片刻，有两位同学举起了手，给大家讲解了李陵兵变。至此，司马迁的形象在学生的心目中立体了起来。

课程进行到这里，释题环节算是结束了，怎么进入课文呢？我又在陈涉的身份上做起了文章，我说：今天我们学的课文，是历史上的一个事件，历史课本上是怎么说这个事件的？学生轻松地回答出是陈胜吴广农民起义。于是，我接着说：既然是农民起义，那就说明陈涉的身份是农民，那么，《史记》里为什么把他归到"世家"里呢？并且，在《史记》中，陈涉排在孔子的后面，那么，在司马迁的笔下，陈涉为什么会有这样高的地位呢？我们进入今天的课题去一寻究竟。

有了上面的疑问，学生的探究欲望又一次被激起，于是，他们兴致盎然地走进了文本。这样的释题，变成了"一石五鸟"——从题目"世家"一词引出一条线，串起题目、作者、出处、背景以及主要人物的地位。这些问题，不只是来源于老师的发问，更是学生急于要解决的，所以学生学起来非常有积极性，分析、理解起来条理颇为清晰。

一个"质疑"激活整个课堂

质疑是老师常用来组织课堂的一种方式,借助质疑这一方式,教师可以引领学生抵达思维的深处。但课堂上,不只有教师有质疑的权利,学生同样可以质疑,让学生质疑,甚至可以更好地激发学生的学习兴趣,促使学生内心深处产生一种主动和文本接触的愿望。在执教《冬日看海人》时,我在导课环节就用了让学生质疑的方式,从而激活了整个课堂。

师:看到"冬日看海人"这个题目,你有什么疑问?

(生稍微一思考就积极举手回答。)

生:我们一般都是在夏天去看海,他为什么选择冬日去看海?

生:冬天的大海有什么特殊之处吗?他看到了什么景色?

生:他是怎样去看海的?

师:他是怎么样去看海的?这个问题不是特别明确,你能再明确一下吗?你的意思是……

生:他看海是单位组织的,还是自己心血来潮,还是参加什么活动?

师:经过你的解释,你的意思大家肯定都懂了,那我们能够换成什么词语?

生:(略思考)那就更换成他看海是自费还是公费?

生:(突然有所悟地)他看海花费了多少钱?

生:他是一个什么样的人?

师:他是一个什么样的人?这个问题好像有点大,我们是否可以改一下?

生:(略思考)我想问的是他做什么工作,而不是他是一个男人或者女人这样的问题。

（其他学生笑，有人帮助他：那你的问题应该是他从事的什么职业。）

生： 那就改成他从事的是什么职业吧。

师： 好，看来大家很会提问题，我们读文章，首先读的是题目，读到题目就要思考，刚才你们提出的问题就是思考的结果，提得非常好，总结一下刚才的问题，共有四个：1.他为什么要在冬日去看海？ 2.他在冬日去看海看到了什么？ 3.他采用的什么方式去看的海？ 4.他从事的什么职业。（边说边板书以上四点）好，现在打开书，所有问题的答案就在书里，请大家带着我们的问题自由朗读课文，一边读书一边随手把四个问题的答案标出来或概括在书旁。

（学生开始潜心读书……）

这节课上，板书课题之后，我没有按部就班地介绍，而是询问学生看到题目对内容有什么疑问，这一发问激活了学生的问题意识，激发了学生的探究欲望，他们很快进入了思考，根据题目提出了自己的疑问，我对学生提出的庞杂问题进行引导，并归纳、梳理成四个关键性问题，为学生指出了探究的路径。最后又明确指出答案就在书中，引发学生读书的兴趣。可以想象，在这样的问题情境下，学生初读文本时肯定是充满兴趣的，这样的课堂也是高效的、可以预设的，这节课的学习肯定也是积极的、自主的。

不仅课的起始处可以质疑，课的结尾处也可以质疑。在讲授《犟龟》一课时，当课堂即将进入尾声，我提出了问题："读完这篇文章，你对文章内容有没有疑问？"一语激起千层浪，学生们纷纷说有。一个学生马上站起来说："二十八世没结婚，怎么会有二十九世？"第二个学生也紧跟着站起来："二十八世去世了，犟龟还有去的必要吗？"听到这样的质疑，其他学生一片附和。这时，我顺势指出："这便是'童话'的特点。童话主要是运用夸张和想象的艺术手法来表达一定的主旨，给儿童以启示……这篇文章中，用二十九世的婚礼说明犟龟爬行时间很长，用二十八世已经去世而犟龟仍然前行表明犟龟目标坚定……"

讲述至此，学生恍然大悟：原来，这不是作者的失误而是作者的故意。是的，在童话里，没有腿的桌子会走路，没有嘴巴的大树会张口。正是为了突出童话的这个特点，我才设计了这样一个环节，让学生自己提出疑惑，通过自己的疑惑来释疑，从而轻松地突破了童话学习的难题。

课堂上，请把质疑的权利还给学生。因为质疑是个法宝，它是深入文本的阶梯，是解惑的桥梁，是顿悟的契机。给学生质疑的权利，他就有可能借着这个质疑激活整个课堂。

我这样介绍苏霍姆林斯基

当讲授《致女儿的一封信》时，我为怎样更好地介绍作者苏霍姆林斯基犯了难。当然，对于初三的学生，你硬把这个名字给他，硬把"苏联教育家，代表作有《给教师的建议》和《把整个心灵献给孩子》等"的头衔和作品告诉他们，他们一定也能够记住。但是，这样做能消除学生和作者之间时空距离吗？有没有更好的方法让学生了解作者，发自内心地喜欢作者，以至于让苏霍姆林斯基走进他们的内心世界呢？

思考着这个问题，我走上了讲台，我说："孩子们，中国是一个传统的国度，父母和子女之间有很多问题不进行交流和传授，比如有关'性'的常识，还比如有关'爱情'的常识，我们的父母不传授给我们，我们的孩子有疑惑也没有提出来。但是，其他国家的孩子和父母也是这样吗？今天，我们就来看看当苏联一个14岁的女孩向父亲询问什么是'爱情'时，他的父亲是怎么回答的，这位父亲是——"学生齐声回答："苏霍姆林斯基。"

引出了苏霍姆林斯基，我继续说："说真话，我们应该感谢这位父亲，是他的这篇文章为我们搭建了一个交流'爱情'这个话题的平台，如果不是因为这篇文章，我也许也不会和大家探讨这个问题，那么我们是否应该表示对他的感谢？"学生纷纷表示应该，当我询问应该用什么方式来表示对他的感谢时，一个学生建议全班同学大声说三遍"苏霍姆林斯基，你好伟大"，这个建议得到了大家一致赞同。于是，全班同学大声齐喊了三遍，我相信，有了这个环节，苏霍姆林斯基的名字已经初步走入了学生的内心。

如何让学生更深入地了解苏霍姆林斯基的教育思想及其作品呢？我的

话题转变了一下，我问学生："如果你们向家长询问有关'爱情'的问题，我不知道家长会怎么回答，但当苏霍姆林斯基的女儿向他询问这个问题时，他用了一封引人入胜的信来与女儿交流这个抽象而又深奥的问题，因为他本身就了解孩子，他本身就是一个——"我的声音停了下来，这时，学生马上回答："因为他本身就是一个教育家。""对！"我马上认可。紧接着我又问："作为一个教育家，他对教育有什么主张，你们知道吗？"学生摇头不语，我因势引导出苏霍姆林斯基坚信"一切孩子都能被教育好""学校里不应该有'差生'的概念"等教育理念，说到这里，我举起手中的《给教师的建议》说："我家的书橱里有两本《给教师的建议》，完全一样的两本，为什么？我从教17年，先后在两所学校任教，这两所学校都有一个规定，学校给每位教师发一本书——《给教师的建议》。由此可以看出，这本书对中国的教育有多大的影响，而这本书的作者就是苏霍姆林斯基。"至此，再打量孩子们，他们都在静静地聆听，也许他们已经在思考：这个苏霍姆林斯基到底有多大的威力，以至于两位校长都规定他的书籍所有的老师都要人手一册呢？

至此，我对作者的介绍已经达到目的：学生对苏霍姆林斯基产生了浓厚的兴趣，这个人已经深深地走入了他们的心灵。看着学生凝思的神态，我说："今天，我们就走进他的《致女儿的一封信》，看看他是如何与14岁的女儿探讨抽象而又高深的爱情的。"听到这里，学生们兴趣盎然地打开了课本……

精彩，不需预约

在学习《悼念玛丽·居里》一课时，我预设了五个环节，分别是：1. 爱因斯坦和玛丽·居里简介；2. 悼词常识；3. 速读全文，找出描写玛丽·居里业绩的句子；4. 合作探究文章重点表现玛丽·居里的哪个方面；5. 选点赏析——品读赏析具体语句。

前四个环节进行得很顺利，结束之后距离下课还有十分钟。按照预设，十分钟时间完全可以解决第五个问题，但此时，意想不到的事情出现了。

分析完第四个问题，我总结并板书出"道德品质大于才智"八个字。刚刚板书完毕，我就听到有学生悄悄议论，一同学说："德就是大于才。"另一同学说："这是爱因斯坦的看法，其实现实生活中还是才大于德。"听他们这样议论，我决定改变思路，因为"德"与"才"的关系必须分辨清楚，这可是关系价值观的问题。

于是，我在黑板上板书了四个词语"有德有才""有德无才""无德无才""无德有才"，然后发问："如果让你选择，你会选择做哪类人？"学生理所当然异口同声地选择"有德有才"，我接着追问他们的第二选择，他们又是异口同声地选择"有德无才"。此时，我继续追问："如果继续选择，你会怎么选？"这一次，大家的回答出现了分歧，不再是异口同声了，有同学选择"无德无才"，有同学选择"无德有才"。到底应该怎样选择？此时，学生群情激昂，众说纷纭。看到这里，我决定因势利导，开展一场题为"'无德有才'是否大于'无德无才'"的辩论会。

课堂顿时活跃起来，学生马上分成了两个队列：正方——"无德有才"大于"无德无才"，反方——"无德有才"不如"无德无才"。从人数上来说，反方占据了总人数的三分之二，占了较大优势。稍作准备，辩论开始。反方同学强调，如果没有"德"为前提条件和基本保障，"才"的力量越大，对社会造成的损害就越大，并且举了很多实例，如高俅、希特勒、现代网络"黑客"等。正方同学则通过强调"雁过留声，人过留名，也不枉来世上一趟"来证明"才"的重要性，而此时，反方同学马上站起来说："原来你追求的是不能名垂千古，就要遗臭万年啊。"全班哗然。

辩论在继续，学生们都很投入，尽管我知道，对于学生来说，依靠一次辩论也许不能让他们达成共识，但毕竟学生们已经发生了这样的碰撞，有碰撞就有思考，有思考就有成长。看着这些，我很欣慰，一方面为越辩越明的观点，一边为这及时生成的智慧。

是的，课堂的精彩也许就是这样在不经意间产生的，一个老师，如果能够留心倾听，学生一个小小的问题可能就能碰撞出思维的火花。

下课了，尽管课堂还留了一点"小尾巴"，但是我觉得没有遗憾，因为课堂考虑的不仅仅是进度，更重要的是课堂上的收获，是课堂是否调动了学生学习的积极性，是否培养了他们浓厚的学习兴趣。

原来，精彩，不需预约！是的，语文本是一门飞扬着灵性的课程，是具有浓郁人文特色的课程。语文教学，不应是解释，更不应是说明，而是一种心灵的润泽，是一次难忘的、充沛的情感经历。相信多年后，当学生再回想起他们的初中生活时，还能够津津乐道这节课中的每一个细节，只因为——上帝存在于细节之中，细节，能给我们带来更多的精彩！

为学生发出真实的声音喝彩

《孤独之旅》是人教版九年级上册的一篇课文,在学习这篇课文时,有一个环节是评价杜少康。教学参考书是这样评价杜少康的:坚强、勇敢、有毅力,战胜了困难,体验到了成长自豪感和骄傲感。

但是,当大多数同学用正面词语评价杜少康的时候,李龙宇同学猛地站起来说:"老师,我觉得杜少康是一个平凡的人。"这个评价引起其他同学的哄堂大笑。但听他这样说,我的眼前却是猛地一亮。

我鼓励李龙宇说:"孩子,别人对杜少康的评价多是赞美之词,你为什么觉得他是一个平凡的人呢?"听我不仅没有批评他,反而鼓励询问,李龙宇煞是激动,他说:"老师,我们可以看看杜少康前半部分的心理。当杜少康刚离开家时,他也非常留恋,不愿意离开家;当在外面遇到困难时,杜少康也胆怯、恐惧、紧张,非常迷茫……杜少康遇到困难时的这种胆怯、恐惧、紧张、迷茫的心理,和我们一般人一样,所以我觉得他是一个平凡的人。"此时,再看课堂上其他学生,他们都在静静地聆听、认真地思考。我知道,对于李龙宇的看法,他们也是认可的,但此时,他们更关注老师的反应。

怎么办?对于李龙宇的回答,我该持什么态度?那一刻,我似乎没想什么就率先为李龙宇同学鼓起了掌。是的,现在的课堂,学生缺少的是什么?他们缺少的恰恰是自己的声音。在课堂上,学生在发言前大多都在猜测老师的目的,想想自己的发言会得到什么,很多时候,他们为猜透了老师的心思而欣喜若狂。而今天,当李龙宇同学大胆地发出自己的声音时,难道,我要给他戴一顶错误的帽子吗?我要批评他吗?

不,李龙宇同学分析得很有道理,杜少康刚开始时也是一个平凡的孩子，他遇到困难时也胆怯害怕，但他在困难和挫折面前没有被打倒，从而成长为一个坚强、勇敢、有毅力，战胜了困难，体验到了成长自豪感和骄傲感的男子汉。这一点，恰恰是作者所要表达的主题：人，是在困难中成长起来的。

所以，当我率先给李龙宇同学鼓起掌时，大多数同学也都鼓起掌来。于是，我说："我们大多数同学发出的都是赞美杜少康的声音，为什么只有李龙宇同学说他是平凡的人呢？那是因为李龙宇同学进行了独立思考。相信，有了这一次经历，我们大家应该知道，课堂上我们才是学习的主人，我们思考的真相就是最好的回答。在课堂上，我们要勇于发出自己的声音。"听到这里，所有的同学都鼓起了掌。

课堂上，我期盼更多的学生能发出自己的声音，我们要为学生发出自己的声音而喝彩！从道理上，我们都知道课堂不属于教师，它属于每一个鲜活的、富有个性的生命体。但从何时起，我们这群鲜活的、富有个性的生命体患上了"集体失语症"？"失语症"不是他们不说话，而是他们不再说真话，不敢说真话。他们回答问题时只考虑老师的需要，教材的需要，却唯独没有考虑自己的内心感受和内心需要。于是，课堂上，他们为了达到老师的满意而放弃了自己的声音。现在，很多时候我们都在追问："我们的孩子什么时候才能够不考虑后果，不顾忌他人的脸色和评价呢？"李龙宇同学那声"杜少康是一个平凡的人"，就是学生真正的声音，这声音，没有迎合，没有恭维，有的只是自己内心的思考，我们不由得为这真实的声音而喝彩。在这样的课堂上，学生绝对不是膜拜老师、膜拜教材的，这样的课堂，定能使学生具有更加独立的人格。

在一般人的眼里，语文教师教记叙文时，要像一个严谨的科学家；教议论文时，要像一个善辩的演说家；教诗歌时，就应该有诗人的气质。其实，作为语文教师，没有那么多要求，只要我们能够静下心来，倾听来自学生内心真正的声音，我们就是一个称职的教师，一个优秀的教师。是的，静下心来倾听学生内心的声音吧，只有这样，我们的学生才能真正地成长。

语文教学中的"五个一"

在听课的过程中,我把自己定位于普通学生,站在普通学生的角度感受教师的教学。我深深感觉到:老师的讲解太多了,以至于学生没有一点思考的时间,似乎也根本用不着思考。这样的教学,对于应试来说也许能起一时之效,能提高学生的分数,但对于培养学生的各种能力和习惯来说,绝对起不到任何作用。我开始思考,如何培养学生学习语文的积极性,如何能让语文悄无声息地走进学生的生活,如何能让学生成为语文学习的主人。于是,在语文课堂教学之外,我尝试着开展了"五个一"。

所谓"五个一",是学生的五项常规性语文作业,即"每日一词""每日一句""每日一话""每日一篇""每周一首"。为做好这些活动,我在班内招聘了几位小助手:"成语小助手""古文小助手""心里话小助手""古诗小助手"等。具体活动由小助手安排,包括选材、检查、验收以及阶段性展示等环节,这样的安排又调动了学生的积极性。

所谓"每日一词",是让学生每日在积累本上积累一个成语。对于初中生来说,积累成语不能仅仅是记下这个成语,还要求学生了解成语的来历,并给家长讲解这一成语。班级在一段时间内召开成语故事赛或接龙赛,让学习的效果得到充分体现,以此提高学生积累词语的积极性。

"每日一句",是让学生每天积累一句经典名言(可分期进行《论语》《道德经》等经典名著的积累)。这句经典名言由"古文小助手"书写在黑板右侧,小助手必须对所写名言彻底理解并能背诵默写,还要在语文课前上台讲解这句名言。讲解时要做到字字落实,不仅能讲解,还要能够对同学有疑问或不理解的地方进行当场解答。小助手讲解完毕,全班同学在没有疑问的情况下,大声朗读三遍。每天一句名言的积累,至少能起到两个作用：其一，全班学生每天都能受到中国传统文化的熏陶；其二，培养了"古文小助手"对古文的研读能力，因为表面上他每天只给学生讲解一句古文，其实背后他不知查阅了多少资料。如果整个初中都能这样坚持下去，孩子生命的厚度会增加，思想的深度会丰厚。

"每日一话"是让学生每日在"心里话本"上说说心里话。表面上看这是日记，但只一个名字的改动，就使得这个本子温存起来。从心里话中，老师可了解班级最新动态以及学生细微的心理变化。每周一，我都要认真翻阅上周的日记，只要学生用心写，不管文字是精细还是粗劣，不管内容是心存温暖还是满怀怨气，不管思想是偏激还是平和，我都会认真阅读，之后谈看法、提建议。这样，心里话本就成了我们通往彼此心灵的一个通道。在长期说心里话的过程中，学生非常容易感受到，原来写作是这么容易，只要拿起笔写自己心灵中最真实的东西就可以了，写作原来是不需要太多的雕琢和修饰的。

"每日一篇"，即让学生每日写完作业后阅读一篇优美文章。总觉得语文教师有一项重要使命：让学生学会读书，让学生喜欢读书，让学生热爱读书，让学生意识到"读书是每天必做的一件事"，让学生养成每天不读书就睡不着觉的习惯。至于在读书中能了解更多的知识、丰富自己的才能，至于语文教学必须让学生有所吸纳，才能有所吞吐等等，我觉得和培养学生读书习惯的重要性比起来都不可同日而语。

"每周一首"，即让学生每周背诵一首古诗。古诗由"古诗小助手"选择，于每周五抄在黑板上，并给学生讲解诗情诗意，学生周日背诵。以往老师也常常要求学生背诵古诗，但往往出现学生周日背得非常熟练，老师周一检查之后就再也不管不问，时间一长，学生慢慢就忘记的情况。其实，这种做法是极不科学的，而且造成了极大浪费。因为学生最初只是一时记忆，事后缺少巩固记忆，很容易出现遗忘现象，长期的大量遗忘，就造成了极大的时间和精力的浪费。为杜绝这种现象，我每天上课前让"古诗小助手"带领全班同学通过齐背的方式加深记忆，每日背诵一遍，一周下来，学生对本周的这首古诗已经烂熟于心，形成了长期记忆。"古诗小助手"每周五针对上周抄的古诗进行全班默写验收，至此，这首古诗的背诵圆满结束。一段时间之后，年级举行古诗背诵赛进行阶段性验收总结。

语文是门艺术，可是，这门艺术是有内涵的、低调的、不善张扬的。它不像音乐引诱着你的耳朵，也不像美术炫耀着你的眼睛，但它自有独特的芳香和魅力。如何能让学生嗅到文字的芳香，触到文字的温度是语文老师不可不思考、不可不着手解决的问题。

线性背诵法

背诵，在语文教学中起着至关重要的作用，许多国文大师都具有博闻强识的特点。巴金能背诵《古文观止》200多篇，茅盾能背诵《红楼梦》，韩军老师曾提出："若熟诵'1、2、3'即100篇古文、20篇白话文、300首古诗词，达到高中毕业语文水平绝不成问题。"[1] 现在，语文教师都意识到了背诵的重要性，但关键是在学生众多的应试科目中，语文背诵似乎显得可有可无。那么，在语文教学中，怎样调动学生背诵的积极性，让每一个学生都能参与进来而又不感觉单调乏味呢？经过一段时间的实验和总结，发现以下八种方法运用起来颇为得心应手。

第一，限时背诵法。

这种方法一般适用于具有挑战性的背诵，时间限定在五分钟。在背诵前，老师要用语言激励学生，营造竞争的紧张气氛，此时宣布背诵命令，学生都能马上进入背诵状态。原因一是时间短，只有五分钟，谁都能坚持；二是五分钟的限制充满了挑战，充满着刺激和兴趣。所以，这五分钟内，学生的注意力都特别集中，背诵特别积极。五分钟内，提前背会的同学举手示意，老师迅速在黑板上板书其名字，这样很容易再次刺激其他学生，特别是那些与已经背会的学生水平相当者，看到别人的名字已经写到了黑板上，内心肯定很是不甘，背诵的积极性大增。这样，五分钟的时间，每分钟都充满着刺激和挑战。

五分钟时间到，个人背诵停止，全班同学一起背诵一遍加以巩固。一般情况下，五分钟内学生能够背诵三百字左右的片段。

---

[1] 韩军. 韩军与新语文教育［M］. 北京：北京师范大学出版社，2006：45.

第二，字头提示背诵法。

使用"限时背诵法"后，大多数学生只能达到"基本背诵"，还做不到"熟练背诵"。此时，一定要让学生进行巩固，巩固方法可采用"字头提示背诵法"——在黑板上板书每句话开头的第一个字，让学生在字头的提示下齐背三四遍，由"基本背诵"达到"熟练背诵"。

第三，小组推荐法。

运用"字头提示背诵法"后，学生以小组为单位推荐最能代表本组水平的同学在全班同学面前展示。这种方式好处有二：一是给背诵熟练的同学提供展示的机会；二是给其他同学树立榜样，便于再次形成新一轮的竞争和比赛。一般情况下，当学生知道要进行"小组推荐背诵"时，又会在小组内掀起一个背诵的小高潮。

第四，声部背诵法。

"小组推荐法"背诵后，还可以让学生以"声部背诵法"再次进行巩固。具体操作细节是：以性别为单位把全班同学分成两个小组，其中一组先背，背诵两句或者三句后，另一组同学再在老师的手势指挥下开始背诵。此时，班内是两个声部，但两个声部不是同一个节奏，如果有一组背诵不熟练，或者声音分散，就会马上为另一组的声音所吞没，这样，两组就能得出胜负。反之，如果两个小组背诵得都很熟练，班内则自始至终是两个琅琅背诵的声部。"声部背诵法"，一在巩固，二在检查背诵的熟练性。

第五，小组互查法。

经过多种背诵方法的背诵之后，大多数同学已经能够熟练背诵。此时，可以采用小组互查法，让小组中两人互查，然后把检查的结果告诉老师，老师一一登记。

第六，小组挑选法。

具体做法是：小组互查之后，全组同学全部起立，让全班同学挑选一个预计背诵最不熟练的同学。这个环节，对那些背诵偷懒的同学是一个极大的挑战，他们会在课下努力背诵，争取在全班同学面前博得掌声。

第七，随时补救法。

经过以上几个环节之后，有些学生仍然不能流畅地背诵，此时，老师可做一下记录，然后告诉学生："你什么时候背会了，随时可以找我背诵。"有了这句话，极个别背诵不流畅的同学课下也会异常积极地背诵，因为他还有"随时补救"的措施。

第八，反复背诵法。

记忆有一定的规律，遗忘也有一定的规律，遗忘的规律是先快后慢，为此，老师要在背诵某篇课文一段时间之后，再次进行抽查。间隔一段时间再进行抽查，从而帮助学生形成永久性记忆。

以上八种方法是我在语文教学中经常用到的，这几种方法适合连续运用，所以我将其统称为"线性背诵法"。"线性背诵法"让每个学生都有一个兴奋点，让每个学生都能够动起来，从而提高学生的学习效率和学习积极性，使短暂记忆变成永久性记忆，使单调的记忆变成趣味盎然的记忆，使枯燥的背诵变成充满挑战的游戏，让学生感受到语言的无穷魅力。

参考文献

1. 孙绍振.名作细读［M］.上海：上海教育出版社，2009.
2. 于漪.语文教学谈艺录［M］.上海：上海教育出版社，2012.
3. 王荣生.听王荣生教授评课［M］.上海：华东师范大学出版社，2007.
4. 余映潮.致语文教师［M］.上海：华东师范大学出版社，2013.
5. 郑桂华.初中语文教师专业能力必修［M］.重庆：西南师范大学出版社，2012.
6. 郑桂华.高中语文教师专业能力必修［M］.重庆：西南师范大学出版社，2012.
7. 郑桂华.初中语文课堂教学的智慧与策略［M］.北京：中国财政经济出版社，2009.
8. 黄厚江.语文课堂教学诊断［M］.南京：江苏教育出版社，2011.
9. 陈大伟.教育案例写作与研究［M］.北京：教育科学出版社，2012.
10. 李海林.李海林讲语文［M］.于漪，刘远，主编.北京：语文出版社，2008.
11. 余映潮.余映潮讲语文［M］.于漪，刘远，主编.北京：语文出版社，2008.
12. 王崧舟.诗意语文［M］.上海：华东师范大学出版社，2008.
13. 雷玲.好课是这样炼成的（语文卷）［M］.上海：华东师范大学出版社，2006.
14. 王晓春.语文课如何是好［M］.北京：中国轻工业出版社，2010.
15. 窦桂梅.听窦桂梅老师评课［M］.上海：华东师范大学出版社，2011.
16. 窦桂梅.跟窦桂梅学朗读［M］.长春：长春出版社，2010.
17. 张彬福.怎样成为一名优秀语文教师［M］.上海，华东师范大学出版社，2011.
18. 张玉彬.理想课堂的构建与实施［M］.重庆：西南师范大学出版社，2010.